QINHEFENGYUN　　ZHUANXINGZHILU

沁河风韵系列丛书　　　主编|行　龙

转型之路

上庄村的探索

慕良泽　马　华|著

山西出版传媒集团　山西人民出版社

图书在版编目（CIP）数据

转型之路：上庄村的探索 / 慕良泽，马华著. ——
太原：山西人民出版社，2016.7
（沁河风韵系列丛书 / 行龙主编）
ISBN 978-7-203-09581-1

Ⅰ.①转…　Ⅱ.①慕…　②马…　Ⅲ.①农村经济–经
济改革–研究–阳泉县②乡村教育–教育改革–研究–阳城县
Ⅳ.①F327.254②G725

中国版本图书馆CIP数据核字（2016）第123591号

转型之路：上庄村的探索

丛书主编：行　龙
著　者：慕良泽　马　华
责任编辑：冯灵芝
助理编辑：贾登红
装帧设计：子墨书坊

出 版 者：山西出版传媒集团·山西人民出版社
地　址：太原市建设南路21号
邮　编：030012
发行营销：0351-4922220　4955996　4956039　4922127（传真）
天猫官网：http://sxrmcbs.tmall.com　电话：0351-4922159
E-mail：sxskcb@163.com　发行部
　　　　sxskcb@126.com　总编室
网　址：www.sxskcb.com

经 销 者：山西出版传媒集团·山西人民出版社
承 印 者：山西臣功印刷包装有限公司

开　本：720mm×1010mm　　1/16
印　张：12
字　数：195千字
印　数：1-1600册
版　次：2016年7月　第1版
印　次：2016年7月　第1次印刷
书　号：ISBN 978-7-203-09581-1
定　价：40.00元

风韵是那前代流传至今的风尚和韵致。

沁河是山西的一条母亲河。

沁河流域有其特有的风尚和韵致，

那悠久而深厚的历史文化传统至今依然风韵犹存。

这里是中华传统文明的孵化地，

这里是草原文化与中原文化交流的过渡带，

这里有闻名于世的北方城堡，

这里有相当丰厚的煤铁资源，

这里有山水环绕的地理环境，

这里更有那独特而深厚的历史文化风貌。

由此，我们组成"沁河风韵"学术工作坊，

由此，我们从校园和图书馆走向田野与社会，

走向风光无限、风韵犹存的沁河流域。

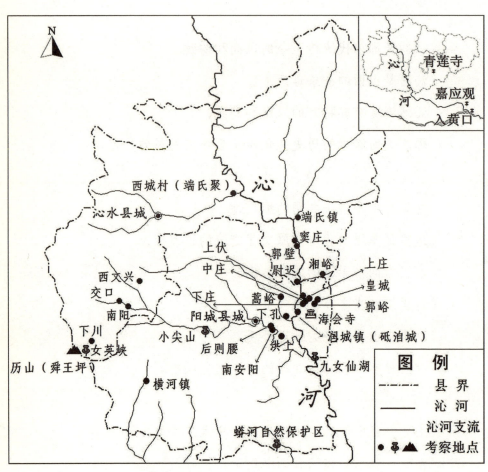

"沁河风韵学术工作坊"集体考察地点一览图（山西大学中国社会史研究中心　李嘎绘制）

三晋文化传承与保护协同创新中心

沁河风韵 学术工作坊

一个多学科融合的平台
一个众教授聚首的场域

第一场

鸣锣开张：

走向沁河流域

主讲人：行龙
中国社会史研究中心 教授

时间：2014年6月20日晚7：30
地点：山西大学中国社会史研究中心（萃知楼）

"沁河风韵学术工作坊"海报

田野考察

会议讨论

总 序

行 龙

　　"沁河风韵"系列丛书就要付梓了。我作为这套丛书的作者之一，同时作为这个团队的一分子，乐意受诸位作者之托写下一点感想，权且充序，既就教于作者诸位，也就教于读者大众。

　　"沁河风韵"是一套31本的系列丛书，又是一个学术团队的集体成果。31本著作，一律聚焦沁河流域，涉及历史、文化、政治、经济、生态、旅游、城镇、教育、灾害、民俗、考古、方言、艺术、体育等多方面，林林总总，蔚为大观。可以说，这是迄今有关沁河流域学术研究最具规模的成果展现，也是一次集中多学科专家学者比肩而事、"协同创新"的具体实践。

　　说到"协同创新"，是要费一点笔墨的。带有学究式的"协同创新"概念大意是这样：协同创新是创新资源和要素的有效汇聚，通过突破创新主体间的壁垒，充分释放彼此间人才、信息、技术等创新活力而实现深度合作。用我的话来说，就是大家集中精力干一件事情。教育部2011年《高等学校创新能力提升计划》（简称"2011计划"）提出，要探索适应于不同需求的协同创新模式，营造有利于协同创新的环境和氛围。具体做法上又提出"四个面向"：面向科学前沿、面向文化传承、面向行业产业、面向区域发展。

　　在这样一个背景之下，2014年春天，山西大学成立了"八大协同创新中心"，其中一个是由我主持的"三晋文化传承与保护协同创新中心"。在2013年11月山西大学与晋城市人民政府签署战略合作协议的基础上，在征求校内外多位专家学者意见的基础上，我们提出了集中校内外多学科同人对沁河流域进行集体考察研究的计划，"沁河风韵学术工作坊"由此诞生。

风韵是那前代流传至今的风尚和韵致。词有流风余韵，风韵犹存。

沁河是山西境内仅次于汾河的第二条大河，也是山西的一条母亲河。沁河流域有其特有的风尚和韵致：这里是中华传统文明的孵化器；这里是草原文化与中原文化交流的过渡带；这里有闻名于世的"北方城堡"；这里有相当丰厚的煤铁资源；这里有山水环绕的地理环境；这里更有那独特而丰厚的历史文化风貌。

横穿山西中部盆地的汾河流域以晋商大院那样的符号已为世人所熟识，太行山间的沁河流域却似乎是"养在深闺人不识"。与时俱进，与日俱新，沁河流域在滚滚前行的社会大潮中也在波涛翻涌。由此，我们注目沁河流域，我们走向沁河流域。

以"学术工作坊"的形式对沁河流域进行考察和研究，是由我自以为是、擅作主张提出来的。2014年6月20日，一个周五的晚上，我在中国社会史研究中心学术报告厅作了题为"鸣锣开张：走向沁河流域"的报告。在事先张贴的海报上，我特意提醒在左上角印上两行小字"一个多学科融合的平台，一个众教授聚首的场域"，其实就是工作坊的运行模式。

"工作坊"（workshop）是一个来自西方的概念，用中国话来讲就是我们传统上的"手工业作坊"。一个多人参与的场域和过程，大家在这个场域和过程中互相对话沟通，共同思考，调查分析，也就是众人的集体研究。工作坊最可借鉴的是三个依次递进的操作模式：首先是共同分享基本资料。通过这样一个分享，大家有了共同的话题和话语可供讨论，进而凝聚共识；其次是小组提案设计。就是分专题进行讨论，参与者和专业工作者互相交流意见；最后是全体表达意见。就是大家一起讨论即将发表的成果，将个体和小组的意见提交到更大的平台上进行交流。在6月20日的报告中，"学术工作坊"的操作模式得到与会诸位学者的首肯，同时我简单介绍了为什么是"沁河流域",为什么是沁河流域中游沁水—阳城段,沁水—阳城段有什么特征等问题,既是一个"抛砖引玉",又是一个"鸣锣开张"。

在集体走进沁河流域之前,我们特别强调做足案头工作,就是希望大家首先从文献中了解和认识沁河流域,结合自己的专业特长初步确定选题,以便在下一步的田野工作中尽量做到有的放矢。为此,我们专门请校图书馆的同志将馆藏有关沁河流域的文献集中在一个小区域,意在大家"共同分享基本资料",诸位开始埋头找文献、读资料,校图书馆和各院系及研究所的资料室里,出现了工作坊同人伏案苦读和沉思的身影。我们还特意邀请对沁河流域素有研究的资深专家、文学院沁水籍教授田同旭作了题为"沁水古村落漫谈"的学术报告;邀请中国社会史研究中心阳城籍教授张俊峰作了题为"阳城古村落历史文化刍议"的报告。经过这样一个40天左右"兵马未动,粮草先行"的过程,诸位都有了一种"才下眉头,又上心头"的感觉。

2014年7月29日,正值学校放暑假的时机,也是酷暑已经来临的时节,山西大学"沁河风韵学术工作坊"一行30多人开赴晋城市,下午在参加晋城市主持的简短的学术考察活动启动仪式后,又马不停蹄地赶赴沁水县,开始了为期10余天的集体田野考察活动。

"赤日炎炎似火烧,野田禾稻半枯焦。"虽是酷暑难耐的伏天,但"沁河风韵学术工作坊"的同人还是带着如火的热情走进了沁河流域。脑子里装满了沁河流域的有关信息,迈着大步行走在风光无限的沁河流域,图书馆文献中的文字被田野考察的实情实景顿时激活,大家普遍感到这次集体田野考察的重要和必要。从沁河流域的"北方城堡"窦庄、郭壁、湘峪、皇城、郭峪、砥洎城,到富有沁河流域区域特色的普通村庄下川、南阳、尉迟、三庄、下孔、洪上、后则腰;从沁水县城、阳城县城、古侯国国都端氏城,到山水秀丽的历山风景区、人才辈出的海会寺、香火缭绕的小尖山、气势壮阔的沁河入黄处;从舜帝庙、成汤庙、关帝庙、真武庙、河神庙，到土窑洞、石屋、四合院、十三院；从植桑、养蚕、缫丝、抄纸、制铁，到习俗、传说、方言、生态、旅游、壁画、建筑、武备；沁河流域的城镇乡村，桩桩件件，几乎都成为工作坊的同人们入眼入心、切磋讨论的对象。大家忘记了炎热，忘记了疲劳，忘记了口渴，忘记了腿酸，看到的只是沁河流域的历史与现实，想到的只是沁河流域的文献与田野。我真的被大家的工作热情所感染，60多岁的张明远、上官铁梁教授一点不让年轻人，他们一天也没有掉队；沁水县沁河文化研究会的王扎根老先生，不顾年老腿疾，一路为大家讲解，一次也没有落下；女同志们各个被伏天的热火烤脱了一层皮；年轻一点的小伙子们则争着帮同伴拎东西；摄影师麻林森和戴师傅在每次考察结束时总会"姗姗来迟"，因为他们不仅有拍不完的实景，还要拖着重重的器材！多少同人吃上"藿香正气胶囊"也难逃中暑，我也不幸"中招"，最严重的是8月5日晚宿横河镇，次日起床后竟然嗓子痛得说不出话来。

何止是"日出而作，日入而息"，不停地奔走，不停地转换驻地，夜间大家仍然在进行着小组讨论和交流，似乎是生怕白天的考察收获被炙热的夏夜掠走。8月6日、7日两个晚上，从7点30分到10点多，我们又集中进行了两次带有田野考察总结性质的学术讨论会。

8月8日，满载着田野考察的收获和喜悦，"沁河风韵学术工作坊"的同人们一起回到山西大学。

10余天的田野考察既是一次集中的亲身体验，又是小组交流和"小组提案设计"的过程。为了及时推进工作进度，在山西大学新学期到来之际，8月24日，我们召开了"沁河风韵学术工作坊"选题讨论会，各位同人从不同角度对各选题进行了讨论交流，深化了对相关问题的认识，细化了具体的研究计划。我在讨论会上还就丛书的成书体例和整体风格谈了自己的想法，诸位心领神会，更加心中有数。

与此同时，相关的学术报告和分散的田野工作仍在持续进行着。为了弥补集体考察时因天气原因未能到达沁河源头的缺憾，长期关注沁河上游生态环境的上官铁梁教授及其小组专门为大家作了一场题为"沁河源头话沧桑"的学术报告。自8月27日到9月18日，我们又特意邀请三位曾被聘任为山西大学特聘教授的地方专家就沁河流域的历史文化作报告：阳城县地方志办公室主任王家胜讲"沁河流域阳城段的文化密码"；沁水县沁河文化研究会副会长王扎根讲"沁河文化研究会对沁水古村落的调查研究"；晋城市文联副主席谢红俭讲"沁河古堡和沁河文化探讨"。三位地方专家对沁河流域历史文化作了如数家珍般的讲解，他们对生于斯、长于斯、情系于斯的沁河流域的心灵体认，进一步拓宽了各选题的研究视野，同时也加深了相互之间的学术交流。

这个阶段的田野工作仍然在持续进行着，只不过由集体的考察转换为小组的或个人的考察。上官铁梁先生带领其团队先后七次对沁河流域的生态环境进行了系统考察；美术学院张明远教授带领其小组两赴沁河流域，对十座以上的庙宇壁画进行了细致考察；体育学院李金龙教授两次带领其小组到晋城市体育局、武术协会、老年体协、门球协会等单位和古城堡实地走访；政治与公共管理学院董江爱教授带领其小组到郭峪和皇城进行深度访谈；文学院卫才华教授三次带领多位学生赶去参加"太行书会"曲艺邀请赛，观看演出，实地采访鼓书艺人；历史文化学院周亚博士两次到晋城市图书馆、档案馆、博物馆搜集有关蚕桑业的资料；考古专业的年轻博士刘辉带领学生走进后则腰、东关村、韩洪村等瓷窑遗址；中国社会史研究中心人类学博士郭永平三次实地考察沁河流域民间信仰；文学院民俗学博士郭俊红三次实地考察成汤信仰；文学院方言研究教授史秀菊第一次带领学生前往沁河流域，即进行了20天的方言调查，第二次干脆将端氏镇76岁的王小能请到山西大学，进行了连续10天的语音词汇核实和民间文化语料的采集；直到2015年的11月份，摄影师麻林森还在沁河流域进行着实地实景的拍摄，如此等等，循环往复，从沁河流域到山西大学，从田野考察到文献理解，工作坊的同人们各自辛勤劳作，乐在其中。正所谓"知之者不如好之者，好之者不如乐之者"。

2015年5月初，山西人民出版社的同志开始参与"沁河风韵系列丛书"的有关讨论会，工作坊陆续邀请有关作者报告自己的写作进度，一面进行着有关书稿的学术讨论，一面逐渐完善丛书的结构和体例，完成了工作坊第三阶段"全体表达意见"的规定程序。

"沁河风韵学术工作坊"是一个集多学科专家学者于一体的学术研究团队，也是一个多学科交流融合的学术平台。按照山西大学现有的学院与研究所（中心）计，成员遍布文学院、历史文化学院、政治与公共管理学院、教育学院、体育学院、美术学院、环境与资源学院、中国社会史研究中心、城乡发展研究院、体育研究所、方言研究所等十几个单位。按照学科来计，包括文学、史学、政治、管理、教育、体育、美术、生态、旅游、民俗、方言、摄影、考古等十多个学科。有同人如此议论说，这可能是山西大学有史以来最大规模的、真正的一次学科交流与融合，应当在山西大学的校史上写上一笔。以我对山大校史的有限研究而言，这话并未言过其实。值得提到的是，工作坊同人之间的互相交流，不仅使大家取长补短，而且使青年学者的学术水平得以提升，他们就"沁河风韵"发表了重要的研究成果，甚至以此申请到国家社科基金的项目。

"沁河风韵学术工作坊"是一次文献研究与田野考察相结合的学术实践，是图书馆和校园里的知识分子走向田野与社会的一次身心体验，也可以说是我们服务社会，服务民众，脚踏实地，乐此不疲的亲尝亲试。粗略统计，自2014年7月29日"集体考察"以来，工作坊集体或分课题组对沁河流域170多个田野点进行了考察，累计有2000余人次参加了田野考察。

沁河流域那特有的风尚和韵致，那悠久而深厚的历史文化传统吸引着我们。奔腾向前的社会洪流，如火如荼的现实生活在召唤着我们。中华民族绵长的文化根基并不在我们蜗居的城市，而在那广阔无垠的城镇乡村。知识分子首先应该是文化先觉的认识者和实践者，知识的种子和花朵只有回落大地才有可能生根发芽，绚丽多彩。这就是"沁河风韵学术工作坊"同人们的一个共识，也是我们经此实践发出的心灵呼声。

"沁河风韵系列丛书"是集体合作的成果。虽然各书具体署名,"文责自负",也难说都能达到最初设计的"兼具学术性与通俗性"的写作要求,但有一点是共同的,那就是每位作者都为此付出了艰辛的劳作,每一本书的成稿都得到了诸多方面的帮助:晋城市人民政府、沁水县人民政府、阳城县人民政府给予本次合作高度重视;我们特意聘请的六位地方专家田澍中、谢红俭、王扎根、王家胜、姚剑、乔欣,特别是王扎根和王家胜同志在田野考察和资料搜集方面提供了不厌其烦的帮助;田澍中、谢红俭、王家胜三位专家的三本著述,为本丛书增色不少;难以数计的提供口述、接受采访、填写问卷,甚至嘘寒问暖的沁河流域的单位和普通民众付出的辛劳;田同旭教授的学术指导;张俊峰、吴斗庆同志组织协调的辛勤工作;成书过程中参考引用的各位著述作者的基本工作;山西人民出版社对本丛书出版工作的大力支持,都是我们深以为谢的。

引　言

　　本书所言上庄村位于山西省阳城县东，润城镇之东北。境内东西宽1.4公里，南北长1.6公里，总面积2.25平方公里。东与郭峪村接壤，西与中庄村毗邻，北与东山村相连，南与大桥村搭界。上庄河汇聚阁沟及三皇沟两沟之水，由东而西穿村而过，经永宁闸进入中庄、下庄，汇入樊河。截至2014年底，全村共有378户978人，耕种着500亩土地。

　　上庄，因地处中庄、下庄两庄之间，故而得名。上庄《王氏正派谱序》记载："……吾王……由上党小石桥迁于高平赤土坡，由赤土坡迁于阳城可乐山（即现今大安头），后移于上伏，而以上坪为租茔，耕于白巷，遂藉白巷而为白巷里人……"《阳城县乡土志》记载："上庄王姓，

上庄村牌楼

远望上庄村

其始祖自明初由高平赤土坡迁居于此。其六世祖为明成化甲午年（1474）举人。"由此可以推知，上庄建村至迟在元末，而明初已经形成村落。

上庄村自古以来就有"文化之乡"的美誉，从明代中叶至清初的百余年里，只有百十来户人口的村庄共涌现出五位进士、六位举人，贡、监生员等有数百人之多，其中王国光中明嘉靖甲辰（1544）科进士，是明朝万历年间杰出的政治家、财政家。他官居吏部尚书，故有"天官"之称。王国光在阳城境内，可谓妇孺皆知，民间有许多关于他的传说。历史上令阳城人引以为傲的"十凤齐鸣"和"十凤重鸣"地域科举盛世，其中均有上庄人。

明清时的上庄，不但文化发达，而且经济也很繁荣。外出经商者，远至广东、内蒙古、甘肃等地，近者除在本省外，鲁、豫、皖、陕等省都有。20世纪30年代，因日军侵华战争爆发，外出商人才弃商返家。新中国成立后，饱受战争之苦的上庄人民，没有沉浸在古代辉煌的光环中，而是开始了新的创业史。特别是十一届三中全会后，上庄人民村致力于村集体经济建设，先后建起了煤炭、冶炼、建材等骨干企业，彻底改变了过去单一的农业经济格局，集体经济力量不断壮大，村民物质生活水平不断提高，温饱问题得以解决，从而创造了上庄村历史上又一次辉煌。1992年，上庄村被晋城市委、市政府授予"文明村"荣誉称号；1994年，被山西省委、省政府授予"千万元"匾额。进入新世纪，上庄村充分挖掘古村落资源，建立了天官王府景区，大力发展旅游业，开始了新的转型发展之路。

目　录

CONTENTS

一、资源开发与转型主题

在山西流传着一句话："成也煤炭，败也煤炭。"如果仔细揣摩，韵味还是很足的。走进上庄，首先映入眼帘的是环绕的群山，串珠的绿水，星罗棋布的四合院，高耸云天的望楼，颇具几分江南水乡特色的韵味，形成了富蕴耕读文化、浑然天成的独特古村落布局。看到这样一幅景象，你会不由自主将这个村庄与晋中的乔家大院、王家大院等大院联系在一起，觉着上庄古村落比那些个大院还要活泼和水润一些，却很难把它与黑乎乎的煤炭联系在一起。然而，事实却是，这个村庄的过去、现在和未来都与煤有着莫大的关系。行走到上庄村的东北角，你会悄然发现，如今这里竟然还有两个煤矿，一个是上庄煤业有限公司，一个是白巷里煤业有限公司。但是，这两座煤矿如今都已是断壁残垣了。然仔细看一下，却不难嗅到这里曾经的喧嚣与繁华。走进上了岁数的老农家里，问及村中的大小往事，他们都能给你说道上个把小时，仿佛那些已经过去很久的事情就发生在昨天一样，历历在目。

故事还要从20世纪70年代末开始说起。那个时候的上庄村饱经沧桑，单单依靠村里贫瘠的土地不足以解决村民的基本生活问题，百姓生活得相当贫苦。为了壮大集体经济，提高老百姓的生活水平，让老百姓

上庄村内鳞次栉比的古建筑群

上庄村内的推磨

过上好日子，上庄村开始大规模挖掘埋在自己祖祖辈辈生活的黄土之下的煤炭资源。

就是在这样的背景下，上庄村赚到了第一桶金。到了20世纪90年代，上庄村意识到单纯依靠开采煤炭资源的发展之路是不可持续的，于是开始考虑转型发展，利用煤炭开采积攒的资金开始发展其他副业，诸如冶铁、建材等，这是上庄村第一次尝试转型。但是好景不长，随着山西煤炭行业迎来阶段性疲软，煤炭价格一蹶不振，上庄村自然也没能幸免，其所属煤矿给村集体带来的利润持续走低，村里的资金链面临着断裂的危险，依靠煤炭资源发展起来的铁矿、铝厂等衍生产业处于岌岌可危的境地，几乎面临着破产，上庄村因煤而兴的时代最终画上了句号，上庄村的第一次转型发展也以失败告终。这让上庄人更清楚地认识到，如果不转型，迟早有一天，上庄村会回到从前的苦日子。在邻村皇城村的影响下，上庄村又开始了第二次转型发展之路。上庄村不仅拥有丰富

上庄村内的水井

的矿产资源，还有规模宏大的古村落资源，在借煤转型的动力耗竭后，又一次借助发展旅游业开始转型，并实现了村庄的新生。随着煤炭资源的开采和旅游资源的开发，上庄村面貌发生了翻天覆地的变化，土路变成了水泥路，新起了别墅、高楼，当年的永久牌自行车如今也被停在家门口的小汽车所取代。这些变化上庄村人是当初想都不敢想的，如今却都是活生生的现实。

1. 因煤而兴：村庄走向富裕

在三晋大地，像上庄村这样的村庄不胜枚举，因为有着丰富的煤炭资源，这些村庄的发展轨迹与普通的村庄截然不同。上庄村"挖开地皮一米不到就有煤""刮风都能刮出煤来"，其丰富的煤炭资源从老百姓的这些话语里可见一斑。在煤炭尚未开采的年代，上庄村老百姓过着清贫的日

上庄村的古门洞

子，甚至连基本的温饱都难以解决。随着村庄煤炭资源的开采，村庄开始变得富裕起来。上庄村因煤炭"一夜暴富"曾让外人十分羡慕，后来煤炭行业不景气导致村庄发展陷入困境也让人唏嘘不已。上庄村人的命运曾一度与煤炭捆绑在一起。

新中国成立以前，上庄村全村共有耕地1007亩，其中地主与富农共有

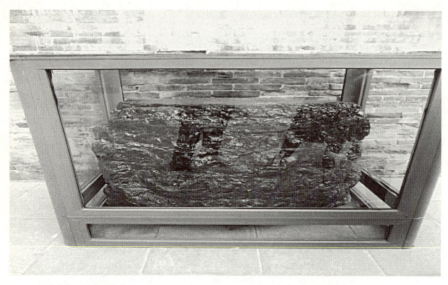

上庄村开采的煤炭

10户人家，却占了村里三分之一的土地，贫下中农耕地严重不足，每逢灾病，常被迫借债或典出田产，普通老百姓的日子十分窘困。1945年11月，上庄村成立了农会，并进行了土地改革，贫下中农分得土地215亩，房屋172间，但是村民的生活并没有多大的起色。土地改革后，农民分得了土地和房屋，生产积极性空前高涨，村里便出现了临时性、季节性的互助组。互助组以户为组合单位，农忙合作，农闲分散，临时有活，随时组合，牲畜农具互补余缺。各户之间的合作，以工分互相偿还。1954年，上庄村又成立了初级农业生产合作社，根据自愿互利原则，土地集体耕种，牲畜、农具集中使用。1956年，上庄村进入高级社，高级社对社员的牲畜、农具统一作价，归集体经营管理，土地无偿归集体所有。当时，全社146户，其中欠款户109户，占总户数的74.65%。1958年8月，上庄村开始实行人民公社制度。由于大炼钢铁，并推广河北省徐水县的经验，实行组织军事化、行动战斗化、生活集体化、吃饭食堂化，搞供给制，取消社员自留地和家庭副业，关闭农村集贸市场，劳动力集中调配，统一行动，粮食由集体供给，群众集体上灶吃饭。社员家里的铁器及铁灶具均被没收炼铁，粮食全部无偿交大队，不许私存粮食。为了把群众的存粮全部收归食堂。当时村里进行了收粮运动。同时，村里对社员实行统一调配，全村实行集体住宿，统一居住，男女分居，实行夫妻七天一见面的制度。因违背大多数人的意愿，这些制度实行不久便被废除。其后，"共产风"的盛行，一度挫伤了农民生产的积极性，老百姓的日子过得十分清苦。十一届三中全会后，上庄村实行农业生产责任制，农民生产的积极性不断提高，多年的粮食紧缺、群众温饱问题得以解决。与此同时，大规模的煤炭开采大幕也正在缓缓拉开。

细细梳理上庄村的历史，我们会发现，这里曾经是一个靠地为生的地方。这里的老百姓在祖祖辈辈耕种的土地上，重复播种和收获着小麦、谷子、玉米、大豆、高粱，一直过着清贫的日子。他们也曾经到村里的山头上挖煤，但仅仅是为了取暖，未曾想到这地下的煤炭后来会彻底改变他们的生活。

山西是全国煤炭资源储量最为丰富的地区，全境面积15.67万平方公里，其中煤炭资源储藏面积就达6.5万平方公里，约占境域面积的41.48%。

20世纪80年代因煤而兴的上庄人

境内煤炭资源主要分布在大同、宁武、河东、西山、沁水、霍西六大煤田和浑源、繁峙、五台、垣曲、平陆5个煤产地。其中，沁河是黄河的一级支流，流经晋、豫两省，它发源于霍山东麓沁源县，在太岳山崇山峻岭间蜿蜒南下，经临汾市安泽县、晋城市沁水县、阳城县、泽州县入河南省汇入黄河。沁河流域位于沁水煤田中西部，煤炭资源十分丰富，地下有煤面积占到流域总面积的80%，区域内地下煤炭资源储藏量达128.8亿吨，可开采量90亿吨。除煤炭资源外，其他矿产资源也极为丰富，且种类多，分布广。目前已探明的黑色金属矿产有铁、锰铁、稀有元素钒等；有色金属矿产有铝钒土、锗、镓；非金属矿产有石灰岩、耐火黏土、铁钒土、石膏、水泥黏土等。

上庄村是沁河流域的一个小山村，沁河流经上庄村西麓，水资源丰富，而且矿产资源也很富足，矿产资源，以煤为主，次为铁矿。村内煤炭资源储量大，分布范围广，可采煤层稳定，产状平缓，构造简单。根据煤炭工业部1982年2月颁布的《煤炭资源地质勘探规范》，上庄村境内可采煤有3#、9#、15#煤，总储量为2585.524万吨。而且上庄村内富藏黄铁矿，分布面积较广，非常适宜开采。

拥有丰富的煤炭资源，那么上庄村究竟是从什么时候开始开采煤炭的呢？这些在今天已无据可考。据村里的老人们回忆，清末至新中国成立前，在上庄村境内有10处开采过煤炭的地方，如牌楼山、小岔沟、龙章沟、手帕场、老窑沟、东沟、西地后、干灰窑、杏树底、后窑沟等。至于开采的主体，也基本上是以一户或者数户为经营体，一般开采的坑下巷道高、宽均在一米左右，而窄的仅60厘米左右，开采条件极为简陋，明火照明，自然通风。1921年前后，改手工开采为放炮开采，开采效率得到有效提高。运输起先用筐背，每筐装60千克以上；后用小拖车，每拖60千克以上，但比用筐背速度快，效率高，省力。后窑沟、牌楼山、杏树底、干灰窑、东沟等为立井，用辘轳提升，井深20~80米不等。每年农历十月至翌年春天三月属农闲时节，为煤炭主要开采时间。

新中国成立初期，生产设备比较落后，再加上对煤炭资源的需求也不大，煤矿的生产规模普遍偏小，如果按照现在的标准来划分，当时几乎所有矿井都可被划入小煤矿之列。从1949年开始，经过三年恢复时期的接管、改造、整顿，到1952年，国营煤矿煤炭产量占全村产煤量的80.7%，公私合营煤矿煤炭产量占3.5%，私营煤矿煤炭产量占11.2%，个体手工业煤矿煤炭产量占4.5%，合作社经营煤矿煤炭产量占0.13%。尽管总的产量依然较低（1952年为6649吨），公有制煤矿仍占据了主导地位。上庄村煤矿资源在此时的开采尚没有形成规模，用于交易的煤炭资源几乎没有。

进入"大跃进"时期后，全国掀起了大炼钢铁的热潮。为适应大炼钢铁对煤炭的需求，当时全国范围内不具生产规模和条件的小煤矿的数量如雨后春笋一样快速生长起来。据统计，1958年下半年，在不到两个月的时间里，全国竟然办起了10万多个小煤矿。在某些地区，可能睡了一夜，眼前便多出几十个小矿。后来整理资料发现，这一时

上庄煤业有限公司

白巷里煤业有限公司

期很多小煤矿虽然被计算在列，但实际上并没有生产煤或者出煤量很少。尽管如此，短时间内大量出现的小煤矿还是给煤炭资源造成了一定的破坏。上庄村于1961年秋开办了霍窑沟煤矿，年产原煤达到3000吨，主要还是以民用为主。到1966年春，该煤矿就停产了。1966年10月，经润城公社同意，由上庄与中庄联营，重新开始生产，劳力、投资、利润，由上庄与中庄按比例六四分配，到1970年又一次停产。在此期间，1964年6月，按上庄、中庄、下庄、东山、李街等5个大队的共同协议，上庄村还参与联合开办的歇马殿煤矿，并将其命名为五队联营歇马殿煤矿。1969年秋，该煤矿平调归润城公社工业组经营。由此我们可以看出，上庄村在这一时期受国家政策的影响也开办了集体煤矿，但由于不能适应当时生产力发展的要求，不适应经济发展规律，煤矿开办后不久便停办了。

20世纪70年代前期，国家工业建设面临着大发展，全国国有大煤矿的生产能力却一直上不去，满足不了国家工业化建设对煤炭的需求，于是国家对小煤矿采取了有计划的扶持政策，促进了小煤矿的发展。上庄村敏锐地捕捉到了这一信号，于1977年7月23日，经晋东南地区煤炭工业管理局〔1977〕东煤字第95号文件批准，开始开采3号煤层，由上庄村联合中庄、下庄开办了集体联营煤矿，称上庄联营煤矿。其中上庄占4股，中庄3.5股，下庄3.5股，共11股。煤矿于1977年8月筹建，1979年投入生产，1981年转为正式矿井，年设计生产能力9万吨，总投资60万元。由于此时煤炭需求量大，煤炭行业发展向好，上庄村集体经济得到了一定的发展。

但是，总体来看，改革开放以前，囿于当时国家对煤炭行业政策的限制，加之当时工业发展尚处于起步阶段，对煤炭的需求总体上来说并不旺盛。随着十一届三中全会的召开，改革开放政策的落实、乡镇企业的发展，对煤炭的需求大增，而此时煤炭生产量却不能满足要求。据统计，1980年和1981年，我国的煤炭产量均为6.2亿吨，这个数字和1979年的数字相比，还低2.4%。为缓解煤炭供应持续紧张的局面，1983年国家下发《关于积极支持群众办矿的通知》，放宽了对煤炭行业的管理政策，第一次提出允许私人从事煤炭开采，鼓励发展乡镇小煤矿。1985年，又提出了"国家、集体、个人一齐上，大中小煤矿一起搞"的方针。由此，山西乡镇煤矿异军突起，发展迅猛，全省煤矿数量直线上升。

面对煤炭发展的大好形势，上庄村开始思考着怎么能够在没有资金支持的情况下把村里的煤炭资源开发起来。为了进一步提升上庄联营煤矿的生产能力，1981年8月，经上庄、中庄、下庄三村共同商量，决定将上庄联营煤矿转为正式生产矿井。到了1984年，上庄联营煤矿开始赢利，当年每股分红1万元。1986年开始每股分红2万元，同时，还清了1984年以前外欠的30万元的债务。1987年后，每股分红7万元。1993年开始，三庄协定以中庄、下庄、上庄顺序轮流承包煤矿，每轮承包三年。并规定每年由承包方付其余两村一定的利润。1999年底，该煤矿拥有固定资产254万元，职工230人，技术人员34人，最高年产量为1998年，产量为11万吨。

同时，1984年经山西省煤资委晋煤资开发字〔1984〕152号文件批准，上庄村开采3#煤层，1984年8月开始动工，1986年8月投入生产，1987年正式转为生产矿井，年设计生产能力6万吨。1993年4月，又经山西省煤资委晋煤资字〔1993〕第77号文件批准，扩大井田，延伸开采9#、15#煤层。1999年时，煤矿有职工200人，技术人员40名，固定资产247万元，产量10万吨。1994年开始限产，年产量不超过9万吨。

从上述采煤史我们可以看出，在巨大的煤炭利益刺激下，上庄村正式进入了煤炭开采的旺盛时期，通过煤炭开采赚取的钱越来越多，世世代代生活在这片土地上的老百姓，第一次知道通过买卖煤炭可以致富，而且财富的赚取要比耕种黄土地来得容易。因此，当时村里的老百姓几乎都放弃了耕种土地，加入到了煤炭开采的行列。也就是从那时开始，不仅村集体有经济实力了，村民也通过煤炭开采真正富裕起来了。当然，在这一疯狂行动的背后，问题也逐步显现。当时煤矿通过轮流承包的方式开发，这无疑会导致煤矿资源的过度开采。每个村在承包期内，为了追求更大的利益，开发主体必然会减少相应的投入，却拼命追求更大的产出，这就陷入了人们所说的"公地悲剧"。这种资源开采方式，没有处理好开发与保护的关系，只注重利益获取，不注重保护，最终必然导致资源的过度开发。在认识到这一问题后，当地政府于1992年出台限产政策，规定村煤矿年产不得超过10万吨。总之，在国家"有水快流"政策的刺激下，上庄村的煤炭资源开采快速推进，上庄村真正进入了"因煤而兴"的时代。

此时，上庄村的领导班子并没有因煤炭开采带来的财富而眩晕，他们清醒地认识到，仅仅依靠煤炭并不能实现长远发展，要想让子孙后代能够继续生活在这片美丽的乡土上，必须得改变这种"一煤独大"的局面。由此，上庄村的发展进入了另一阶段。

2. 借煤转型：实现多元发展

在山西，有很多村庄因为煤炭资源开采而一跃成为富裕村、小康村，但这些村庄同样也有着相同的担心，那就是：煤炭资源总有挖完的一天，等到那一天到来后，出路在哪里？可以这样说，如果真正等到那一天来临的话，一个村庄要走的路可能就会变得坎坷起来。俗话说，上帝总是青睐有准备的人；同样，上帝也会青睐有准备的村庄。上庄村借助煤炭资源开发成了当地名副其实的明星村，因为当时煤矿都属于集体开办，所以村里集体经济得以不断壮大。据统计，1985年上庄村集体经济收入218.66万元，1990年村集体经济收入达397.90万元，1995年村集体经济收入迅速上升到3942.20万元，到1999年村集体经济收入跃至4800.00万元。煤炭开采赚来的钱为上庄村转型发展提供了原始资金。村班子成员在靠煤炭资源壮大集体经济的同时，又在想着如何转型发展，让村庄发展的天平不再重重压在煤炭这一端。为此他们想了不少办法，虽然这些办法在后来被证明是行不通的，但留下来的经验却是宝贵的。

目前，山西经济社会转型发展的根本问题就是如何解决"一煤独大"的问题，如何建立起比较合理的产业结构和如何有效发挥市场的作用。当时的上庄村面临的问题正是如此。可以说，上庄村当时的发展困境就是当前山西发展困境的一个缩影。有基本常识的人都清楚地知道，"一煤独大"的局面迟早是要出问题的，那就是：等到煤挖完了该怎么办？这也是当时村班子成员思考最多的问题。在经历了一次又一次的商讨后，上庄村最终决定依托村里的其他资源，诸如铁矿、铝矿资源，借助村集体经济的实力，发展多元化产业，以改变不可持续的产业结构。

上庄村转型发展的第一个标志性动作就是扩大产业链，提高村经济再生能力。1990年，上庄村在村南山上的南庵寺内建立了铝塑门窗厂，总投资60余万元，其中固定资产40万元，流动资产20万元。1992年铝塑门窗厂停产，1993年开始重新生产。后因厂址狭小，1994年又在村西重建厂房，投资60万元，1995年建成，1996年投入生产，年设计生产能力为产10,000平方米。这是上庄村转型发展、调整产业结构建立起来的第一个企业。

上庄村不仅有丰富的煤炭资源，还有丰富的铁矿资源。由于当时生铁市场供不应求，晋城炼铁业特别红火，上庄村人于是把目光转向了炼铁厂。因为有自产的煤作为炼铁燃料，可以有效降低成本，上庄村决定建设铁厂。在他们看来，卖铁矿石跟卖煤一样，是在赚子孙后代的钱，为了增加收益，于是他们决定把铁矿石深加工之后再行销售。1992年4月，上庄村开始筹建上庄铁厂，年设计产铁规模为3000吨。企业占地3400平方米，投资92万元，建容积13立方米的高炉一座，并于当年9月24日投产，由当时的村支部书记任厂长。1993年3月上旬，开始筹建第二座高炉，当年7月1日投产，投资50余万元，高炉有容积为13立方米。当年10月，在铁厂内建筹建分厂，设计年生产能力达500吨。1993年生铁总产量达4000吨，1995年达5800吨，利税45万元。1996年，企业固定资产达230万元，职工100人。

1994年7月，依据建铁厂的思路，上庄村又打算在村内建镁厂，但是这个时候的上庄村资金链已经运转较为困难，筹建镁厂一时有些困难。但是老百姓支持转型发展的热情并没有下降，1983年8月23日，一张大红集资通告出现在了村委办公楼前：

> 广大村民同志们：
>
> 为了加快振兴我村经济，加速向富裕型农村迈进，两委经多方面考察，认真研究，决定新上金属镁厂。但由于基建工程和机械设备投资较大，资金周转一时不能到位，特望广大村民以集体利益为重，踊跃献上一份爱心，数量不限，月息略高于银行存款。截止日期：1994年8月30日。
>
> 上庄村民委员会
1994年8月23日

　　到了8月30日，集资结果让所有人都大吃了一惊。关于集资这件事情，上庄村党支部在8月22日召开了支部扩大会议，共有70多人参加了会议，计划从村民中集资100万。当时决定党员干部带头，保证两委干部每人集资3万元，党员每人1万元，群众不限。可是这样的决定对于完成集资任务来说还差太多，所以村班子成员心里对这次集资并没有十成的把握。但是，集资的结果却是共集资到141万，超计划41万。其中两委干部和村内党员共集资33万，168户村民集资108万。这样的结果让所有人既吃惊又感动，这充分说明了老百姓对村庄事业的关心和支持，对村庄转型发展的支持。

　　上庄村集资过程中出现的一些小事也能够充分证明这一点：老李家是村里的个体运输专业户，家里有两部小四轮拖拉机，一台电影放映机。白天，老李和儿子一人一车跑运输；晚上有了好片子，就给村民放映，还经常到邻村去放。父子俩白天黑夜地忙碌，赚下了厚厚的一摞人民币，还了贷款，还在银行存有一笔钱。大红集资通告贴出来那天，老李一连看了好几遍。晚上，老李主持召开了家庭会议，他说："村里新上企业，也是为了咱老百姓谋利益，和以前办煤矿、办铁厂一样。煤矿、铁厂投产后，还不是富了全村人？眼下集体有困难，咱家就应该帮一把。当初，咱们家买拖拉机跑运输，书记、村主任帮了多大的忙？跑贷款、办执照，哪样离了人家办得成？我看，咱们家出资3万吧。"老伴问："听说集资比银行利息高？"儿子接话道："咱不在乎利息的高低。爸说得对，集体有困难，咱们家就应该帮一把，更何况这是为村里谋福利的事情，我看咱们有多少集多少吧。咱们一直跑运输，还愁以后没钱花？"当下，全家人打点存单和现金，一共出资4万元，第二天一大早就交到了村委会计室。

　　村里一位年过古稀的老农，看了集资广告，又着急又惭愧。着急的是，集体遇到困难，群众应该站出来；惭愧的是，儿子们早已分家另过，他们老两口没有经济来源，家里只有几百元。他一边往家走，一边想着村集体对村民的关怀。从1998年开始，每人每年分100斤白面、30斤大米，端午节2斤油，中秋节2斤月饼，过年还有2斤肉。村里对老年人尤其好，重阳节会给每位老人50元钱的礼品，每月还发放10元养老金。他越想越觉得应尽力支持村里新上企业。回到家里，他对老伴说："有多少现金，你都拿出来。"老伴说："只有500多块，做甚用？"老人说了村里集资办企业的事儿和自己的想法。老伴极不情愿，说："集体就少你这500块？咱有个病病灾灾的，拿甚去请医买药？"老人火了，大声说："你真是头发长，见识短，快把钱拿出！"就这样，他把仅有的500块钱交到了村委。出了大门，他的心情极为畅快，随口唱出一段上党梆子："我本是卧龙岗的一散淡的人……"

就这样，村里集够了开办镁厂的资金，并于1995年1月投产，建起了高炉两座。1995年3月，又扩建两座高炉，6月投产，占地总面积3400平方米。固定资产投资281万元，流动资产投资60万元，总投资341万元，其中村民集资141万元，集体投资200万元。由于镁厂所生产镁材料市场销售状况不佳，1995年底停产。

1997年3月，在原金属镁厂厂址上，上庄村又筹建了净水材料厂，当年9月投产，主要产品为铝酸钙粉，年设计生产能力为3000吨，主要用于污水处理，总投资30余万元。

与此同时，村集体鼓励村民发展商业、饮食业、交通运输业等个体经济，最终实现了以集体经济为主、个体经济为辅的村经济发展新格局。到1997年，村集体经济发展到了最辉煌的时期，全村劳力，都在集体企业上班，收入如芝麻开花，村民很快走上了富裕路。

就在上庄村轰轰烈烈开始自己的转型发展之路时，始料未及的事情发生了，把上庄村的转型发展之路彻底堵住了。这一时期，煤炭市场进入了疲软期，国家对炼铁业、金属镁业等高能耗、高污染产业开始进行调整。由于上庄村的整个产业链都是建立在高耗能、高污染的基础之上，于是村中以煤铁为支柱产业的集体经济不可避免地走向下坡路，最后实在撑不下去了，只好采取承包经营的办法，把所有地面企业都承包了出去。村班子矛盾也由此产生，到1999年，村里所有的集体企业全部关停。上庄村的转型发展之路由此中断。

　　总结上庄村转型发展失败的原因，虽有国家政策环境的影响，但更深层次的原因还是一开始转型思路的错误。在上庄村第二次转型发展动员会上，村班子成员对第一次转型发展失败进行总结时指出，影响上庄村转型发展的深层次矛盾依然存在，上庄村产业结构单一，基础设施建设滞后，经济基础差，缺少抵御经济风险的能力，这是第一次转型发展失败的重要原因。

　　在产业结构上，上庄村的集体经济收入主要来源于煤炭产业，新中国成立之后，上庄村在不同时期分别建造了霍窑沟煤矿、五队联营歇马殿煤矿、小窑沟煤矿、上庄联营煤矿，煤矿经济支撑起了上庄村的发展。这种单一的产业结构在短时期内给上庄村积攒了大量的财富，但是理性的上庄人认识到，继续这样发展下去是没有前途的，迟早会跌进"资源诅咒"的怪圈。于是，上庄村开始了多元化产业结构的调整之路，建立了铁厂、铝镁厂、材料厂、门窗厂。我们会发现，这些企业完全都是在煤炭企业的基础上建立起来的，如果按照严格的产业划分来讲，这些企业仍然属于不可持续发展的产业，更何况上庄村的这些企业都是建立在本村煤矿经济的基础之上，如果煤矿企业一旦遭遇不测，这些跟煤炭相关的企业也会瞬间坍塌。这在后来发展的过程中被充分证实了。20世纪末，小煤矿发展的弊端已经显现出来，在市场竞争中无法占据优势，上庄村的小煤矿企业进入了疲软期。接踵而至的是上庄村的整个集体产业资金链的迅速断裂，再加之当时国家对高耗能、高污染的企业已经处于限制性发展阶段，上庄村的整个集体产业就这样顷刻间崩塌，一时间上庄村的发展进入了低谷。

　　虽然上庄村发展煤炭经济赚下了钱，但是这些钱投资在基础设施建设上的份额略显不足。即便在今天，走进上庄村，我们会发现，村庄的基础设施建设还有许多需要完善的地方。加上村办企业聘请的管理人员大多都是本村的人，缺乏相应的企业管理知识，对市场规律的把握能力也不强，导致村办企业并没有形成现代意义上的企业管理，这也成为限制其发展的一个重要因素。这种"小打小闹""自我陶醉式"的办企思路是不可能支撑起上庄村的转型发展之路的，其结果就是如上所述。但是，淳朴的上庄人并没有认输，仍旧没有放弃对转型发展道路的追求，他们坚信天无绝人之路，上庄村总会走出一条符合自己特色的发展之路。

第一次转型失败后，上庄村这个因煤而兴的村庄到底该何去何从，成了萦绕在所有村民心头的难题。进入新世纪后，煤炭经济的发展又逐渐从疲软期走出来，上庄村又回到了"一煤独大"的时期，于是上庄村经济折腾了这么多年，竟然又回到了起点。而且更让人伤心的是，因煤矿开采积攒的钱也已花得所剩无几。转型发展失败了，这让上庄村班子对转型发展的态度谨慎了起来。所以，上庄村一直在寻求更好的转型机会，以免重蹈以前的覆辙。而就在此时，与上庄村仅一山之隔的皇城村，也在谋求转型发展之路。皇城村与上庄村具有高度的一致性，两个村庄都是因煤而兴，都面临着转型的需求。然而两个村庄转型的步调却是不一致的。

皇城村也是一个因煤而兴的村庄，也面临着转型发展的问题。该村是清代名相陈廷敬故居所在地，这一文化资源成为日后皇城村转型发展的支撑点。这里我们可以看到，开发村里的文化资源，发展旅游业，这样的产业结构与依靠煤炭建立起来的产业结构是完全不同的。旅游业属于第三产业，具有可持续性，而且能够有效带动更多相关产业的发展，诸如餐饮、休闲等。1998年，皇城村开始修缮皇城相府。2000年5月，皇城村两委班子前后忙活近半年时间，壮着胆子砸下280万元，硬是将《康熙王朝》摄制组拉到皇城相府，但接下来的情形却让皇城村人目瞪口呆。2001年，随着《康熙王朝》的热播，窝在小山沟里的皇城相府名声大噪，四方游客蜂拥而至。村民们笑着说道："如果陈阁老还活着的话，他也想不到会有这么多人来咱村旅游啊！"而此时的上庄村在第一次转型失败后仍然没有行动，对于皇城村转型发展取得的成就，他们看在眼里，急在心里，似乎从中也嗅到了一丝丝的味道。

3. 转型再续：发展乡村旅游

第一次转型发展失败之后，上庄村人并没有放弃，村班子成员一直在谋划上庄村的第二次转型发展。功夫不负有心人，看到一山之隔的皇城村

夜幕下的上庄村古村落

上庄村古色古香的建筑

因开发皇城相府而风生水起，他们似乎看到了新生的机会。皇城村有陈廷敬，上庄村有王国光；皇城村有皇城相府，上庄村有天官王府。这样一来，就转型发展的支撑点来看，上庄村似乎比皇城村的文化资源还要丰富，其优势比皇城村还要明显。但唯一的遗憾是，由于第一次转型发展失败，在时间上已经输给了皇城村。不过，上庄村并没有因此而停止前行的脚步。与第一次转型相比，上庄村的第二次转型发展，在思路和战略上似乎成熟了很多。这一次上庄村没有"单打独斗"，而是有了政府的引导和企业的参与。在第二次转型过程中，他们也遭遇到了第一次转型发展时突然而来的政策变化，但这一次上庄村人表现得从容不迫，这恰恰说明他们对政策风险的抵御能力在不断增强。总之，从多方面来看，上庄村的第二次转型与第一次的转型已经大不相同。

第二次转型主要基于上庄村的旅游资源。上庄村所在的阳城县润城镇，位于沁河的中游，在润城镇不足二十公里的沁河流域范围内，积累了不同时期不同民族特色的文化景观。既有史前文明，又有当代文化巨匠；既有"沁渡扁舟"等生态画卷，又有"沁河古堡"等厚重的遗存古建筑群、特色街道、民俗风情等，共同构成了独特的文化景观带。有位专家说："沁河是一条有心的河流。"的确，沁河的文化不仅源远流长，而且博大精深。自从尧舜禹时代以来，有历史资料记载的沁河流域本土文化不断发展，经过四千多年演变进化，不仅内容日益丰富，而且形成了非常鲜明的地域特色。沁河两岸从端氏镇到润城镇，方圆不过四五十里，从保存较为完整的上庄、皇城、砥洎城、窦庄、郭壁、湘峪，到城堡遗址尚存的尉迟、屯城、周村，古城堡的密集程度可以用星罗棋布来形容，而上庄村就是这一带最璀璨的一颗明珠。

上庄村自古以来就有文化之乡的美誉，从明代中叶至清初的百余年里，只有百十来户村庄涌现出了5位进士、6位举人，贡、监生员等有数百人之多。历史上令阳城人引以为荣的"十凤齐鸣"中，就有两位上庄人。当时沁河流域所流传有"郭峪三庄上下伏，举人秀才两千五"的民谣，其中的"三庄"就包括上庄这个充满人文底蕴的小山庄。明清以来，上庄村人最引以为豪的是官至尚书，以绩考加太子太保、升光禄大夫，号称"天官"的明朝重臣王国光。天官王府古建筑群是以王国光及其数代后人相建而成的大型官居建筑群，现在保存下来的古宅院有四十余处，具有明清、民国等不同时期的建筑风貌。

天官王府，为国家4A级景区，包括樊氏宗祠、天官府、司徒第、炉峰院、樊家庄园等主要景观，其内部阁楼高耸，古庙森严，官宅豪华，民居典雅，有保存基本完好的官宅民居四十余处，涵盖民居、宗教、祭祀、文化、商业等建筑类型。其民居文化包括我国各个朝代的建筑，从我国存世最古老的元代民居、明清两代留存官商巨宅，到民国时期中西合璧的"樊家庄园"，都在这里聚集，被古建专家称为古村落保护的杰出典范。但是，多年来，由于欠缺宣传和开发力度，天官王府一直是"养在深闺人未识"。上庄村以其独特的古建人文优势和深厚的文化底蕴被住建部和国家文物局评为"中国历史文化名村"，被文化部、住建部评为"中国传统村落"，也是住建部"工程项目带动村镇规划一体化实施试点村"和"沁河流域特色城镇化建设重点村"。

上庄古建筑群居于两山的交会处，最低处则为在河床上用石头铺就的

天官王府景区一角

古河街，既是车马通行之道，又是倾盆大雨时的泄洪之道。在河街两侧石头砌筑的坚固护坝上，尚书故里的古屋依山而筑，顺山就势，布局科学。古河街南岸有尚书第、进士第、炉峰庵等；北岸有参政府、司农第、王氏祠堂、望月楼等；入口跨河而筑永宁阁；南北端各建有庄民许愿拜神的庙宇，在坡势稍陡的北山山脊上，依次筑有四座三层古堡，既可远眺，又占风水之先机。从明朝的"尚书第"逆河而上，直到民国时期的"樊家庄园"，上庄村的古建筑无一不是人文气息浓郁、建筑结构讲究、人居环境和谐的典范代表。上庄古建筑群保存较为完整，据说主要得益于老辈村民的"顽冥不化"，他们更乐意居住在祖辈留下来的老屋里享受清静安然，这也成为上庄村的一大景观。成家的年轻人几乎全居住在古河街北半山腰的新房里，而古河街两侧的老屋里几乎全是老辈人的天下。

不仅如此，上庄村传承着诸多传统民俗文化资源，诸如秧歌戏、八八宴席、麦芽枣糕、屯城谷柿等，这些非物质文化遗产也成为上庄村发展旅游业的重要支撑点。

秧歌戏，也称中庄秧歌，发源于明清时期，距今已有四百年左右的历史。当时遍布全国的上庄商人，闲暇之余，将各地流行的地方小调，糅合上上庄村社每年举行的"迎神赛社"活动，创立了这一独特的剧种。主要流传于阳城、沁水、晋城等地，久传不衰，现已列入山西省第三批非物质文化遗产保护名录。

八八宴，因其主菜为十六道而得名，发源于上庄村，流行于阳城东乡一带，是举行婚嫁、进行寿诞庆祝的一种宴席。因其历史悠久，风味独特，故深受群众喜爱，是一种古老的名宴。

正是基于上述旅游文化资源，进入新世纪，上庄村在皇城村的影响和带动下，希冀通过开发村庄内的古村落资源和民俗文化资源，发展旅游业。2003 年，上庄村注册了天官王府景区，并着手在村北面为村民修建新型住宅小区，以解决古村落里居民的搬迁问题。上庄村着手发展旅游业之时，正是新一轮煤炭经济红火的时候，煤炭的价格一路飙升，但是按照国家政策，上庄的煤矿必须进行改造升级才能继续开采，因此为了适应煤炭

保存完好的古建筑

产业"关小、改中、建大"的需要，当时煤矿挣的大部分钱基本上都用在了煤矿升级改造中。按照当时的思路，开发古村落资源、发展旅游业必须要让住在古村落里的老百姓搬出来，所以煤矿挣的钱一部分用在了煤矿升级改造上，另一部分则用在了村北新住宅楼的修建和村民搬迁补偿，以及

村里老人正在弹唱中庄秧歌

标志性古建筑的修缮及景区绿化和完善等一些基础设施工程上。所以，当时真正投入旅游开发的并不是很多。

走在村中，问及村民对发展有什么期待，村民的反应如出一辙，都对发展旅游十分赞同。因为看到了皇城村因开发旅游资源而带来的财富效应，他们都希望通过发展旅游，搭上快速致富的列车。所以，村民对村集体发展旅游业持高度赞赏的态度。当时，皇城村为了吸纳上庄村的古村落资源，将其纳入皇城旅游片区，条件是购买上庄村古村落资源的经营权和部分土地的经营权，但是被上庄村拒绝了。当时的上庄村对通过发展旅游振兴村庄信心满满，为了推动旅游业发展，将古村落资源整合起来，村集体投资1600万元，在村北区修建了现代化住宅楼，通过较低的价格卖给村民，并通过专业评估机构对村民原居住地进行评估，由村集体进行补偿。住宅楼分为两种类型，一种是六层式小区房，为四室两厅；另一种是二层式农家院，村民可根据自身需要购置房屋类型。在村民搬迁以前，先征求村民意愿，如果村民自愿搬出，则由专业评估机构对村民住所进行价值评估，一般评估价格在3万元到4万元之间。村民搬出后，这些古村落资源归村集体所有，由村集体负责进行修缮、维护和开发。搬迁出去的村民自愿选购村集体开发建设的住宅楼，小区式住宅楼的价格一般在6万元到9万元之间，面积一般在130平方米左右。二层式农家院为院落式结构，价格一般在14万元到17万元之间。通过这种方式，上庄村将村内古建筑资源有效整合起来，以便于后续的修缮、保护和开发工作。

但是，上庄村的步伐还是慢了一些。当皇城村旅游业已经初具规模之时，又开始发展生态农业园区，进一步扩大产业链。在这一过程中，皇城村与上庄村签订用地协议，皇城村租用上庄村180亩土地用于发展农业生态园区，条件是皇城村每年每亩土地向上庄村提供600斤粮食。按照当时当地的土地生产条件，亩产是很难达到600斤粮食的，所以上庄欣然答应了皇城村提出的条件。但是，上庄人心里明白，皇城村与上庄村的发展差距越来越大。所幸，上庄村的旅游业已经小有起色，转型发展之路正在缓缓铺开，上庄村人对自己的未来依旧充满了信心。

上庄村整齐划一的复式住宅楼

　　但是，发展之路从来都不平坦。一方面上庄村与"邻居"的差距越来越大，另一方面2009年山西进行煤炭资源整合重组，目标是到2010年底，全省矿井数量由原来的1500座调整为1000座，兼并重组整合后煤矿企业规模原则上不低于300万吨/年，矿井生产规模原则上不低于90万吨/年，且全部实现以综采为主的机械化开采。各市保留矿井数量分别为：太原市50座，大同市71座，阳泉市50座，长治市95座，晋城市118座，朔州市65座，忻州市63座，晋中市110座，吕梁市100座，临汾市127座，运城市18座。同时，规定要落实《山西省人民政府关于加快推进煤矿企业兼并重组的实施意见》（晋政发〔2008〕23号）的规定，大力支持大型煤炭生产企业去兼并、重组、整合中小煤矿，控股办大矿，建立煤炭旗舰企业，实现规模经营。在这样的背景下，上庄村的集体煤矿，由于达不到保留的条件，面临被整合关停的命运。在如此大力度的整合背景之下，短短几个月，上庄集体煤矿于2009年底前被迫关停。上庄村的煤炭产业停产后，村集体经济一落千丈，面临巨大困难。由此，上庄村彻底失去了经济来源，当初规划好的转型愿景再一次悬在空中，整个村庄一下子落寞起来。最后，村办煤矿的整合重组方案是：上庄煤矿由晋煤集团合并，煤矿评估资产为7800万元，其中4800万元作为股金，入股晋煤集团，上庄村资金积累因煤矿关停经济收入已寥寥无几，遑论满足第二次转型发展的资金需要。而且，由于煤炭资源整合重组，村集体经济一落千丈，许多在煤矿上班为生的村民也面临失业问题。

在这种情况下，上庄村该怎么办呢？如果停止转型发展，那上庄村的命运可想而知，必然是会从昔日的明星村沦落为普通的山村，甚至连普通山村也不如。因为此时的上庄村，农民赖以生存的土地已不足以支撑上庄的生计了。为了走出困境，继续推进村庄的转型发展，上庄村决定跟皇城村合作开发古村落资源，并且召开了村民代表大会，经村民代表大会投票表决，村民全票通过，决定跟皇城村合作。可是，当年皇城村主动要求跟上庄村合作，却被上庄村拒之门外，如今上庄村遇到了困难了，再去寻求合作，上庄村人心里都直打鼓，对这合作之事没有抱太大希望。最后的结果验证了村民的担心，上庄村的合作意愿被皇城村拒绝了。至此与皇城村合作显然已经不能挽救上庄村的危机局面了，那还有什么办法呢？上庄村的领导班子经过慎重思考，最终村班子决定鼓励发展民营企业，开办农业专业合作社。但是，通过这一方式，并不能壮大集体经济，其结果必然使依靠发展旅游业实现村庄转型的诉求落空。现在的上庄已经没有煤矿了，但上庄转型发展的压力仍然存在，如果要继续既定的转型目标，出路又在哪里？

当前，我们处在市场经济的大环境下，应发挥好市场的作用，按照市场化的运作方式来发展产业，但这并不意味着否定政府的作用，尤其在乡村转型的自发阶段更需要政府的合理引导。但纵观上庄村转型发展的整个过程，基层政府一直处于缺位状态。政府必须要清醒地认识到，在市场环境尚不成熟的上庄村，如果在转型发展过程中只运用市场这只"看不见的手"，那势必会导致转型的盲目性和自发性。政府这只"有形的手"要针对市场存在的缺陷和问题，采取积极措施，主动介入到乡村转型发展中来，把农民、企业和市场不愿意做的事情做好，为转型发展保驾护航。政府缺位，成为上庄村这次转型失败的一个重要原因。在转型发展过程中上庄村多次遭遇政策、资金等困境，这个时候若是有政府的合理引导，情况或许会发生改观。

就在上庄人眼睁睁地看着已经初具规模的天官王府发愁时，当地政府终于加入到对沁河流域古村落资源开发与保护的行动中来，这无疑给踟蹰不前的上庄村带来了一丝希望。上庄村紧紧抓住这个机会，积极向外展示上庄古村落资源的特色和魅力，在当地政府的支持下，以天官王府为代表的一批古村落资源逐渐走出"深闺"，其影响力和知名度不断扩大。与此同时，上庄村充分抓住阳城县美丽乡村建设的政策机遇，全力开展美丽乡村建设，加强旅游配套设施建设，完善景区功能。在这一次转型过程中，上庄村吸取第一次转型"单打独斗"的教训，通过"借力转型"有力缓解了面临的困境。

晋城市政协一份关于保护和开发古村落资源的提案中，建议市委、市政府要将沁河流域古村落资源打造成山西省乃至全国的古村落古城堡

上庄村内木质门楼

品牌，并邀请国内知名旅游专家对沁河沿岸的旅游资源进行充分摸底调研，在调研的基础上制订出了一份高质量、高水平、具有前瞻性的旅游规划。同时，当地政府将沁河沿岸古村落古城堡的旅游开发工作，纳入全市招商引资的大盘子，不断加大宣传推广工作的力度，立足沁河的自然资源、人文底蕴等优势做了很多富有成效的工作。同时，政府不断加强对古村落资源的保护，努力抓好沁河流域的环境整治工作，组织专人清理疏通河道等。

同时，阳城县政府与旅游集团成功签订旅游战略合作框架协议。本着"互惠互利，合作共赢，共同发展"的原则，在阳城县政府的努力下，签订了上庄古村、天官王府的托管经营合同和润城镇沁河流域文化旅游开发合作框架协议，这标志着上庄古村、天官王府旅游项目开始进入实质性建设阶段。

润城镇政府在一份关于沁河文化旅游产业带发展的构想中提到，要以沁河为轴，以古堡、古村落、庙宇为节点，以沁河文化、农耕文明、生态休闲、水上娱乐、产业观光、现代体验为内容，以车道、绿道、船道为链接，以最富浪漫的玫瑰为触媒，形成一个贯通古今，传统与时尚相结合、历史与现实相辉映，涵盖体验、休闲、产业于一体的文化旅游产业带，形成最具实力的文化旅游产业核心区。沁河文化旅游产业的整体效益主要来源于四个方面，一是皇城村旅游业100万游客的辐射效应。二是镇内农副产品加工、旅游产品加工、文化创意产品开发。三是十里商贸街、"沁河文化节"等旅游品牌项目。四是其他产业，包括运输、物流等。这些构想是建立在整合全镇旅游资源的基础上，其中就包括旅游资源丰富的上庄村。按照构想，晋城市沁河流域生态观廊、润城沁河文化旅游产业带打造投入应在30亿元左右，其中包括景点开发、河道治理、景观打造、通道建设、村庄整合、城镇功能完善、旅游要素配套、文化挖掘传承等。

由此，我们可以看出，对古村落资源的开发与保护，已经形成了省、市、县、乡镇不同层级主体政府参与的机制。古村落资源在一定程度上具有公益性文化事业属性，政府对公共事业负有主体职责，在古村落资源的开发与保护过程中不应该缺位。在古村落资源开发过程中，村落如果仅仅依靠民间行为往往是心有余而力不足的。充分发挥政府在古村落资源开发与保护中的有效引导作用，是古村落资源开发与保护的客观需要，也是政

上庄村的古建筑

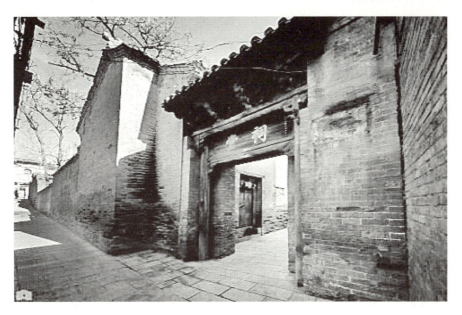

上庄村内的祠堂

府发挥公共职能的内在要求。古村落资源作为中华民族传统文化的重要呈现形式，具有极高的欣赏和历史价值。加强对古村落、古民居民俗文化的研究，增强古村落保护意识，加大文物保护投入，确保珍贵文化遗产的存续，离不开政府的支持和引导。要想把古村落资源开发与保护好，这一过程既要调动社会和群众的力量，更需要政府部门做好引导和规范，努力形成全社会共同参与古村落保护的良好氛围，更好地传承中华文明、弘扬中华文化。

另外我们也看到，党的十八届三中全会提出要使市场在资源配置中起决定性作用，并更好地发挥政府的作用。这为深化经济体制改革，进而牵引和带动其他领域的改革指明了方向。企业是市场的主体，发挥好市场的作用，就是要让企业在充分的市场环境下激发资本活力，最终实现利润增长。企业对市场信息的捕捉最为灵敏，引进企业参与乡村旅游发展，能够充分利用市场的优势，快速推进转型发展。但是市场也有失灵的时候，所以在引进企业进行市场化运作的同时，要不断加强企业抵御市场风险的能力。在政府的积极引导下，上庄村在煤矿关停后面临资金短缺的情况下，积极通过招商引资，盘活产权，为上庄村的旅游业带来了更大的机遇。经过努力，上庄村引进了大型旅游开发公司对村中所属的古村落资源进行开发。

在其合作方式上，上庄村决定将村内的古村落资源的经营权转让给旅游公司，旅游公司负责投资开发。经过协商，旅游公司第一年对上庄村投资70万元，并以每年30万元的增资速度增加投资额度，合同期内累计投资7000万元。在合同期内，旅游经营收入归旅游公司，旅游公司优先聘用上庄村村民到景区工作，村内村民可以依托旅游资源发展农家乐，最终实现景区与村庄的互融互生。引进企业参与上庄村古村落资源的开发与保护，可以依托旅游公司雄厚的全国性经营网络和专业的旅游景区营销管理人才，为上庄古村发展提供所需的专业化的管理模式和现代化的营销手段，这对天官王府景区发展势必会产生巨大的影响与推动，有助于这一旅游主体唱响全省，走向全国。

通过梳理上庄村的两次转型之路，我们会发现这两次转型的诸多不同之处，自然也就有了更为清晰的认知。

上庄村的第一次转型，我们称之为"借煤转型"，其转型思路是建立在扩大产业链的基础上，但在对转型产业属性的把握上出了问题。煤炭产业本身具有不可持续性，而且上庄村的煤炭企业大多属于小煤矿，适应国家政策的能力非常弱，依靠煤炭企业建立起来的高耗能、高污染产业链，显然不符合转型发展的要求，而且这些产业的前期投入往往比较大，这就导致了转型矛盾的出现，煤矿企业一旦遭遇困境，由煤炭企业提供的资金链会瞬间断裂，其连锁反应是依靠煤炭企业建立起来的其他产业也将面临危机，我们暂且称其为转型风险。而且上庄村在转型之初并没有建立相应的风险防控机制，其本身没有足够的承担风险的能力，具有很大的盲目性和自发性。当这些风险发生时，其抵御风险的能力非常低，其结果就是转型失败或遭遇挫折。而且，在参与主体上，上庄村第一次转型发展是由上庄村独立开展的，并没有其他主体的参与，这种方式必然导致社会化、市场化不足，难以适应社会发展的需要。

农家乐一隅

上庄村的第二次转型，我们称之为"借力转型"。与第一次转型相比，这一次转型的思路就成熟了很多。在这一过程中，虽然也遭遇了各种风险，但最终都摆脱了风险，这说明在这次转型中上庄村抵御风险的能力大大增强。为什么会出现这样的结果？一是转型思路发生了转变。第一次转型主要依靠村庄的煤炭资源，而且建立起来的转型载体也都是不可持续的产业，受市场和社会影响较大。而第二次转型发展的思路相比较更符合市场经济的规律，通过盘活产权，激发生产要素活力，使古村落资源的价值得以充分彰显。二是参与主体的多元化。在第二次转型的过程中，有村庄的主体作用，有政府的有效引导，有企业的积极参与，村庄、政府和企业本身既是参与者，也是风险共担者，政府能够在政策和资金上进行有效引导，企业能够在管理和资本上给予支持，这样一来，上庄村就摆脱了"单打独斗"的局面，众人拾柴火焰自然高。三是市场化的运作方式。在市场经济条件下，脱离市场搞转型肯定是走不通的。经济社会发展要以不断提高资源的配置效率为前提，简单地说就是要尽可能减少资源的投入，尽可能多地产出，实现效益的最大化。上庄村第一次转型并没有实现少投入、多产出的市场化效益，反而出现了投入多、产出少的逆市场化效益。但是，第二次转型在这一点上明显区别于第一次，上庄第二次转型做到了以尽可能少的投入，获得尽可能最大化的效益。

两次转型有失败的教训，也有成功的经验，但是有一点一直没有变，而且也是支持上庄村转型发展的根本因素，那就是上庄村村民的无私奉献和坚定支持。马克思说，人民群众是历史的创造者。如果没有村民支持转型发展，那上庄村的转型就会成为无本之木、无源之水，就会成为纸上谈兵。在上庄村的转型发展之中，我们都能发现村民对于转型发展的认同和支持，他们以实际行动参与村庄事务，处处体现着主人翁的姿态，他们将永久留存于上庄村转型发展的历史中。

二、教育发展与转型之基

上庄村教育文化源远流长，在明清科举考试中成绩辉煌，在局势动荡时期依旧坚持办学，在新中国成立后全力发展文化事业，体现了上庄村人勤奋好学的文化传统，折射出了上庄人对教育的关注与重视。

上庄村原是以发展农业、开采煤矿、经营建材为经济增长的主要动力，但随着自然资源的逐渐减少，特别是煤炭资源开发过度，逐渐枯竭，"一煤独大"的产业模式导致环境污染加重，生态环境恶化，上庄村赖以发展的经济模式面临着巨大的挑战。同时，山西省着手进行煤炭资源整合，转变经济发展方式，优化产业结构的新政策，也使上庄村此时不得不寻找新的发展方向。未来的道路该如何走？这一问题考验着上庄的村干部，考验着村庄的每位村民……

思考、探究上述问题的基础在教育。是教育给予了上庄村人新的发展灵感，是教育重塑了上庄村人的劳动与技能，是教育传播了新的思想与观念，是教育带动了上庄转型的成功与发展。

1. "王国光"遗产

在上庄村，或许你会听到这样一首儿歌："月明月明明晃晃，开开大门洗衣裳。洗得净，捶得光，打发哥哥去书房。念子曰，学文章，旗杆插到咱门上，看你排场不排场！"歌谣欢快的旋律，让人不禁联想到，当年王国光是不是也被家里人打发着去书房，在窗前背诵着"子曰：学而时习之，不亦说乎？有朋自远方来，不亦乐乎？人不知而不愠，不亦君子乎？"嘉靖二十三年（1544），当王国光中进士，成为上庄村有记载的第一个进士时，是不是他家门前插旗杆，全村敲锣打鼓？

上庄村所属的阳城县，一直流传着"十凤齐鸣"的佳话，说的是清顺治二年（1645），在太原举行的乡试中，阳城有卫贞、杨荣胤、乔映伍、田六善、王兰彩、王润身、李之馨、王道久、白方鸿、田绍前十人同时考中举人。顺治三年（1646），在北京举行的会试中，阳城有张尔素、田六善、杨荣胤、王润身、王兰彩、王克生、卫贞、段上彩、赵士俊、乔映伍十人同榜高中进士。这两次十人同时科考中榜使阳城人深以为荣，史称"十凤齐鸣"。现在我们在町店镇还可以看到当年所立"十凤齐鸣"之碑。"十凤"中，王兰彰和王润身则出身于上庄村，高中进士后，最高官职分别为山东阳谷县知县、户部主事，为朝廷做出了较大贡献。

上庄村在明清时便很重视教育与科举考试。科举中榜是光宗耀祖、光耀门楣的事，是村里的一件大事，张榜当天，榜文前挤满了人，谁家有人中举了，便会兴高

"十凤齐鸣"之碑

采烈地庆祝一番，其家人在全村的名声、地位都会上一大台阶。在这样的科举氛围中，上庄村的秀才们不负众望，从明朝中叶至清朝的百余年间，共走出了5位进士、6位举人，贡、监生员有数百人之多。难怪有首歌谣这样唱道："郭峪三庄上下伏，举人秀才两千五。"上庄是歌谣中的"三庄"之一，可见其从古便有人杰地灵、文化之乡的美誉。

在上庄村所有文人、为官者中，王国光是最为杰出与著名的人物。过景区售票厅，沿着砂石铺成的街巷，便可抵天官府。该府便是万历重臣、官至正一品的户部尚书、吏部尚书王国光的府邸。在古代，吏、户、礼、兵、刑、工六部的别称分别为天、地、春、夏、秋、冬，吏部尚书之别称为天官，其府邸故称天官王府。府邸错落有致，规模宏大，彰显了当年其家族的显赫。

　　在阳城历史上，王国光是首位一品文职的高官，开启了明末清初阳城文化和仕风鼎盛的先河。在他的引领下，上庄王氏明清两代共诞生了5名进士、5名举人、7名贡士、25名贡生、8名礼部儒士，县丞等杂职官员12人，其家族成员入关出仕者多达六十余人，足迹遍布湖广、四川、江浙

王国光故居

以及冀、鲁、晋、豫等地，创建了上庄王氏家族的鼎盛时代。不仅如此，王国光还注重保存历史文献，谢政之后，他足迹踏遍家乡的山山水水，为后世留下了众多的碑记、诗碑，掀开了明清沁河文化灿烂的大幕，铸建了"郭峪三庄上下伏，举人秀才两千五"的辉煌。

王国光出生于一个小康耕读之家，身材高大，聪颖过人，读书后过目不忘。他16岁时考中优等秀才，22岁被选为乡贡，进入全国最高学府国子监读书，32岁中举，次年中进士，是当地学子学习的榜样。在村中，父母常常会把村里学习成绩好的孩子作为自己孩子好好学习的榜样。在上庄村，这样一个榜样不是别人，正是王国光。他的激励作用由此可见一斑。

王国光为官后，恪尽职守，"量产赋民，量民赋役"，严厉打击不法之徒，协助张居正实行万历新政，改革弊政。他不仅颇具胆略，而且很有爱心，这与他从小受到父亲坚强、乐于助人的教育密不可分，也与当时全县冶铁中心"火龙沟"的环境息息相关关。王国光从小对民生疾苦便深有感受，产生了计利天下的民本思想，这也注定了他一生只谋事业不谋官的价值倾向。

在村民心中，王国光为官清廉，是他们心中的青天大老爷。在他当户部尚书的时候，朝廷命阳城县官在白巷里（指现在的上庄、中庄、下庄村）给他建造宅院，以奖励他当时为国家走出财政困境所做出的贡献。王国光觉得这些都是自己应该做的事情，哪能受得起这个奖赏呢！但是皇帝的命令，又怎么能推辞呢？这个时候，阳城县城大部分仍是土墙，于是王国光想用这笔钱款来修筑阳城县城。他向张知县提出这一建议，并得到皇帝的同意。阳城县砖砌城墙的历史性建筑就是从那个时候开始的。之后天下几次动乱，阳城县都没有遭遇兵乱。清康熙年间，一场秋雨使城墙塌毁多处，知县招募劳役修城墙，上庄村人向县里申请说，王国光当年捐资修建城墙，使县城长期免受兵匪之灾，功劳甚大，应该惠及子孙，免除上庄村人这一劳役。知县向上级报告了这件事，上级认为言之有理，因此下令上庄、中庄、下庄永免城役。此后，至清朝灭亡为止，县城城墙好几次修复维护，白巷里人都没有服劳役。

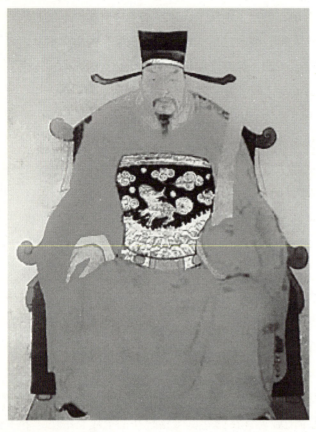

王国光画像

王国光有谋有略，关心百姓疾苦，是为官者的典范。党的十一届三中全会后，改革开放的大潮冲击着这座古老的山村。在贫困线上挣扎的上庄村人怎样脱离贫困，走向富裕，走向小康？村里的领导干部王金城、李俊杰、杨补助等人思考着这一难题。他们继承王天官当年改革的魄力、决心和勇气，积极开发资源，艰苦创业，奋勇拼搏，上庄村终于迎来了辉煌！但是在山西进行煤炭资源整合之后，上庄村面临着转型发展的困境。这考验着新的村领导集体。他们积极寻找转型突破口、尝试新的发展道路。于是，上庄村开始发展旅游业，依托本村的官居建筑群与相邻景区的优越位置，修缮维护古代建筑，清洁整治村内环境，于2012年9月25日，在王国光诞辰500周年之际，阳城天官王府3A级景区揭牌，正式对外开放。经过数年开发，于2014年，被国家旅游局评定为国家AAAA级旅游景区。

即使王国光的时代已经过去了四百多年，但当地仍流传着关于王国光的种种传说，上庄人都能说段王天官"计归乡里"、"智斗同僚"、"无柄凉伞和饮马清泉"的故事。他的形象不容任何人玷污。据村里一位老奶奶讲,有一年,河南省一豫剧团来上庄演出,其间上演《二进宫》。大幕拉开,一个鼻子上涂白的小丑登场,鬼头鬼脑,油嘴滑舌地念道:"圪垯梆,圪垯梆,山西有个王国光,白天抱太子,晚上抱娘娘。"词未念完,观众大怒,齐声叫骂,往台上扔砖头破鞋。剧团领导和演员丈二和尚摸不着头脑,下台询问大伙,才明白他们是在王国光的故里丑化王国光,这哪能不被骂呢!没办法了,那出戏只好停演,换了出戏。

现在村里的旅游业越办越红火,村民深知村人发家致富依靠的是王国光留下的遗产与资源,对他的感激、尊敬之情更甚。一说自己家乡是王国光故乡,村民便滔滔不绝地介绍家乡,讲述王国光之事,自豪感溢于言表。他是上庄人世世代代的骄傲,受一代代上庄人的尊崇与敬仰。

走出天官府,沿斜坡直上,便可到达炉峰院。此院因建于村南香炉峰上而得名,相传王国光少年时曾在此读书,院内有文昌阁、高媒殿、夫子殿、财神殿、始祖殿等。听导游讲,现在的炉峰院规模,在清道光十一年(1831)形成,之后曾在清代进行过三次大的维修。修建之后,前来此祈祷主管文运之神保佑自己考试顺利、一举中第的学子络绎不

上庄村炉峰院

绝。身处炉峰院，更可体会到当地对教育的重视及人们希望当地人文鼎盛、持续不衰的愿景。

就在这王天官少年时曾经读书的地方，民国元年（1912），将清光绪三十四年（1908）设立的"初等小学堂"改称"国民小学"，校址设在炉峰院，当地儿童均在此读书识字，开启了上庄村近代教育的历程。学校先后有村民李瀛洲、樊振邦、王广仁、徐式曾等任教，教师工资按县里规定数额由村社付给。

1916年后，教材以"共和国教科书"为主，主科有国文、修身、算数等，另有唱歌、体操、写字等课程，但最初没有正式课本。有了正式课本后，学生上课一般是早晨读"旧书"，即《百家姓》、《三字经》、《千字文》、《四书》、《五经》等，上午、下午读新课本。民国时期，国内批判儒家文化和封建思想，但基层教育并没有完全摒弃中国传统文化，上庄村将两者结合起来，学习新文化的同时不忘学习儒家经典。

抗日战争爆发后，以教授实用技能为中心，以服务抗战为目标。学校教学内容除语文、数学两科仍按课本教授外，政治课主要介绍时事，宣传抗日救国道理；早操改为爬山，体育课增加了防空演习、投弹、射击、瞄准、刺枪、卧倒等；唱歌着重在教唱《义勇军进行曲》；课外活动时练习站岗、放哨、盘查行人、裹伤、敷药等。学校教学围绕抗日战争的需求展开，为抗战培养士兵，重视战争期间学生的自我保护能力、救治能力与敌人拼搏技巧等的培养。

学校在抗战中艰难办学，经常因战事紧张而停课。1938年2月底，因日军轰炸致使学校停课，4月份才恢复正常教学。1940年夏，因日军入侵阳城，学校再次停课。1941年学校重新开学，没有正式课本，学生各自找书，有什么书，老师就教什么内容。小学生仍以《百家姓》、《三字经》、《千字文》等为主，教师一般不讲解，只是在每人的书中标出部分内容让学生阅读。1943年因春荒严重，学校停课。同年7月，成立"抗日小学校"，樊大纯任教员。抗日战争胜利后，又改称上庄小学。

近代中国局势动荡，战乱不断，但上庄村并没有放弃教育事业，反而在艰苦的环境中努力办学，为中国的救亡图存、民族独立、抗战胜利贡献了自己的一分力量。

即使是在战乱的年代，上庄村人也努力完成学业。从1912年开始至1937年，其间大学毕业生有樊大经、徐德甫两人，中学毕业生有王守先、樊大纯、樊大纶、樊大绥、曹子祥等，高小毕业生有徐式善、徐式会、王天佑等。曹子祥后来就读于山西省立第四师范（长治）学校，因成绩佳，毕业后留该校附属小学任教。在抗日战争爆发后，曹子祥从长治回到本村，一直在上庄、中庄小学当老师。"他懂的知识多，对学生严格，做事认真，教的学生成绩都很好。"访谈过程中一位老奶奶如是说。学生家长和其他老师也经常称赞他。努力获取知识，再用所学教书育人，曹老师培养了一代代学生，在硝烟弥漫的战争年代用知识滋润了孩子们的心田。

上庄村不仅重视学校教育，而且知识分子之间有也自觉的文化交流传统。明清时期，上、中、下三庄便组织成立了白巷里文社，是三庄知识分子们交流知识、探讨学术问题，互相学习、共同进步的文化组织。下庄村建有一座南神庙，也称为文庙，便是当年白巷里文社活动的大本营。

白巷里文社，大约发起于明中期。民国时下庄村南神庙还存有白巷里文社社员的一本名册，其中有一个名字叫李豸。李豸是中庄人，明朝的进士，和王国光中进士的时间差不多。那个时候，是三庄文化风气最盛的时候，大家据此推测，白巷里文社的发起时间应该就在那个时候。

白巷里文社设在下庄南神庙，庙内有一主持，平常保持庙内清洁干净，庙内有活动时负责招待茶水及准备敬神时的各种物品。

进入文社有一定的要求，秀才及秀才以上级别方可入社，入社自由。社员以上、中、下三庄文人为主。文社设值年来负责打理文社大小事务，不进行选举，而是在社员中，按入社先后顺序轮流担任，每年三人，一正二副，终而复始。值年的主要职责包括：在二丁日（即每年二、八月上旬逢丁的日子）组织文社祭祀孔子的各项事宜；每年邀请新秀才入社；打理文社公共资产，保管公共物品并根据需要及时维修或添置；打理文社土地租佃及租粮收缴、管理、支配等。文社有土地三十余亩，这是文社集体活动费用的主要来源，正常年景可收取租麦1.5担、谷3.5担，另有新入社社员自愿捐款和社员考中举人、进士或补缺、升官后等的自动捐款，作为活动费用的补充。

每年逢二丁日祭祀孔子的前几天，由值年在三庄张贴告示，通知全体社员届时到文庙参拜。上祭时，社员身着礼服，衣冠楚楚，整齐列队，向孔圣人行礼祭拜，并伴有乐工奏乐，气氛庄严隆重。平常文社的活动主要是会文会诗。白巷里文社的会文会诗活动大致和《红楼梦》中的海棠诗社相似，三庄文人，还有附近的村子，如北音、上佛、润城、郭峪的文人齐聚下庄南神庙，吟诗作对、填赋写文，抒发情感、表达观点、交流思想，一派思想活跃、文化繁盛之景。

白巷里文社有自己的活动场地、入社要求，有产生负责人的稳定机制，并赋予负责人一定的权力，建立文社的收入体系，使文社的经营运行井井有条，完全不亚于现代的组织机构。每年逢二丁日的祭孔活动，表达

润城镇书画创作人员座谈会

阳城县沁河文化研究工作安排会

着当地文人对孔子的尊敬和对知识的渴求。会诗会文的交流使诗社成员在互相学习、互相理解中共同进步，并在交流中产生新的思想，碰撞出新的火花。在文社的带动下，村中形成重视教育文化的学风。这也是明清时期当地举人、进士层出不穷的原因之一。

民国年间，每年的高小毕业生也被邀请入社，但除每年两丁日的祭孔活动外，会诗会文的活动停止了。后来战争不断，白巷里文社终被湮没在历史的战乱中。但是，当地文化交流的传统仍被人们继承了下来。2014年9月15日，阳城县沁河文化研究会在润城镇成立。它是该县民间历史文化爱好者发起成立的文化研究组织，上庄村有多人参会。研究会主要职能是挖掘沁河流域的历史文化，提升沁河流域的人文内涵，促进沁河流域的文化交流与发展。自研究会成立以来，积极举办活动，交流、传播文化思想。2014年12月4日，阳城县沁河文化研究会组织的润城镇书画创作人员座谈会在润城文化旅游产业基地召开。来自全镇的书画协会会员和研究会常务理事30余人参加了会议。会议对润城近年来书画创作工作进行了总结，结合润城文化旅游发展、乡村文明传承、书画创作水平提高等问题进行了交流探讨。2015年3月22日上午，阳城县沁河文化研究会工作安排会在润城召开，对2015年的工作进行了具体部署和安排。

"放旷归来春复春，故乡山水故乡情。笙箫谷口新翻调，鸥鹭溪头旧约盟。" 王国光的一句"故乡山水故乡情"道出了他对家乡的热爱、依恋，他在上庄村留下的古老府邸诉说着他曾经的辉煌。以王国光为代表的上庄村先贤留给上庄村巨大的遗产，这遗产，是资源，是精神，是传统，是文化……

2. "教育入村"

新中国成立以来，党和国家对教育的重视使各个地区的教育事业都取得了长足进步。特别是改革开放以来，现代教育之风吹进了千千万万的村庄，也吹进了古朴的上庄村。

沿上庄村古建筑群内主街道行走，可看到"司农第"，此宅为明嘉靖丙午科举人、曾任户部陕西清吏司郎中的王国光的堂兄王道所建，由龙章院和老门里两处四合院组成。1958年，上庄村于此宅内龙章院创办了该村最早的幼儿园，当年招收幼儿十余名。1960年底，幼儿园解散。改革开放后，上庄于1984年重建幼儿园，一个班，一个教师，幼儿25名，以5~6周岁幼儿为主。1987年增设一个幼儿班，分为一个大班、一个小班。1999年，全村3~6周岁的幼儿共有55人，入园幼儿44人，入园率80%，其中4周岁幼儿12人，5~6周岁幼儿32人。幼儿班开设课程有计算、语言、音乐、美术、手工等。现在上庄村幼儿园位于村委以西200米处，因村中生育率下降，幼儿园学生随之不断减少，现在幼儿园只有学生17人，分为大、中、小班，小班和中班合在一块儿教课。1996年村委会规定村中儿童免费上学，

幼儿园小朋友在看书

上庄村的幼儿都享受免费教育，只需缴纳书本费。同时，学校对贫困生提供补助，标准为每学期500元。因此，村民在孩子幼儿期间的教育支出很少，基本没有什么经济压力。虽然村里的幼儿教育和城里还有差别，但村民很少将孩子送到城里幼儿园上学，他们认为幼儿教育"差不多就行"，对村里的幼儿教育也较为满意。

幼儿园目前有两名教师，均为本村人，其中一位老师——曹老师为幼儿园园长，同时担任村妇女主任。另一位老师——王老师从2008年就开始在上庄幼儿园从事教学活动，有丰富的教学经验。2012年之前原有三位老师，其中一位老师由于家庭原因辞职。老师的招聘事宜主要由村里牵头，幼儿园具体负责。由于幼儿园人数逐年递减，招聘新老师的计划也随之作罢，目前小班和中班合并上课。幼儿园教师每半年会进行一至两次的培训，学习新的教学内容与教学方法，并与县城其他幼儿园不断交流与学习。上庄幼儿园教师会到县城幼儿园听课，并参观县城条件相对较好的幼

上庄村幼儿园大门

上庄村幼儿园教学楼

儿园，学习其优秀的教学经验。同时县城的幼儿园教师也会到上庄幼儿园讲课，让学生领略不一样的教学授课模式。即便如此，农村的教育水平与城市相比仍存在很大差距。农村生活水平低，基础设施薄弱，发展空间小，工资低，优秀的教师都不愿到农村来。上庄村幼儿园的教师大都来自本村或附近村子，工资由村集体支付，一个月四五百元。由此可见，提高农村教师的工资、提升农村教育的师资水平迫在眉睫。

上庄幼儿园距离上庄村委会不到三分钟的路程，大门上侧贴有标语：赏识每一个孩子。赏识，意味着欣赏，善于发现别人的优点。"赏识每一个孩子"，体现了上庄幼儿教育对孩子的尊重、信任、理解、激励、提醒、宽容和爱。

早上八点半，阳光洒满幼儿园的院落，孩子们一天的学习生活开始了。砖红色、黄色、绿色相间的教学楼墙壁让人觉得生机勃勃、五彩斑斓。走进大班的教室，教室宽敞明亮，空气清新，干净整齐。墙面上贴满了各种图案——橘黄色的蘑菇小房子、爬满栅栏的鲜花、翩翩起舞的蝴蝶、苗壮成长的大树和各种可爱的小动物。一个五岁的小女孩指着墙上的各种图案对我们说："这些都是老师和我们一块儿贴上去的，还有那几个地方，我们平常画的好看的图画都贴在那儿。"教室中间放有两张长方形桌子，六个大班的孩子就在这里读书、写字和游戏。教室的后侧放有一高一矮两个柜子，用于存放幼儿的水杯和其他日常用品。柜子旁边是个小小的四层图书架，上面摆放着各种插画故事书供学生阅读，如《葫芦兄弟》、《看图识字》等。图书架右侧摆放着孩子们的日常玩具，有积木、橡皮泥等。教室设备虽简单，但布置却让人颇感温馨。

九点多课间休息，孩子们都跑到院子里玩耍。院子内干净整洁，设有滑梯、跷跷板、转椅等，并备置各种球类。据王老师说，去年夏天，学校建筑都进行了重新粉刷，学校的大件玩具也进行了检修。同时新添了电视机、饮水机，并为老师们配备了电脑，方便他们查找资料、丰富教学内容，以提高老师的办公效率。

上午十一点，孩子们结束了上午的幼儿教学，家长们已等候在学校门

幼儿园孩子们在庆祝节日

幼儿园孩子们在做游戏

口接孩子回家吃饭，来接孩子们的大都是母亲或爷爷奶奶。上庄村幼儿园不提供食宿，孩子们每天中午、傍晚按时回家，由家长接送。

下午两点，学校又迎来了孩子们的欢声笑语。幼儿园每天主要教授孩子们语言、诗歌、唱歌、跳舞、画画、剪纸折纸、基本礼仪、安全知识等内容，游戏活动活泼多样。在各种节日老师都会与小朋友进行简单的庆祝。孩子们和老师一起装扮教室，围坐在一块儿，吃东西，喝饮料，玩游戏。节日活动虽然简单，学生们却玩得很开心。装饰教室的材料费用由村集体支付。在每学期末，大班、中班学生有简单的小测试，以总结学生一学期的表现与收获。

除了安排好教学内容以外，幼儿园非常重视学校的安全和卫生。学校配有消毒柜、灭火器，并建立了安全卫生工作制度。新的学期开始要安排安全工作计划，强调安全注意事项；学期末总结安全工作。学校建立了安全工作领导小组，组长为杨小光，成员为曹建芳和王湾湾。校门定时开门关门，严禁闲杂人员进入幼儿园，来宾入访需要登记。门卫要严格把关，如果随便开门，每次扣款5元。教师到园后，不得无故出园门，被发现者罚款20元。教师轮流值班，对学校的财产、各室的门窗每日早晚进行两次检查并登记，对学校的房舍、大型体育器材要逐日检查登记，发现隐患及时报告。幼儿园建立了突发事件应急预案、防震避灾应急预案，说明了火灾、漏电、房屋倒塌、不法分子行凶、公共卫生事件、地震发生时简单的处理方法，强调事件发生时要及时报警，及时上报。王老师表示，学校非常重视安全问题，老师会经常留意幼儿是不是带有小刀、大头针、爆竹等危险物品，开水器、暖瓶、药品和电源插座都要放在幼儿不宜接触的地方。孩子们的玩具要经常检查是否有裂痕、是否松动等，并且经常教育孩子不要爬楼，不争抢玩具，不吃不卫生的东西，确保孩子们的安全与卫生。

在这个古朴的小村庄，幼儿园不管是设备还是师资力量，与城市相比都还有一定的差距，但是它基本满足了村庄幼儿的基本教育需求。家长们认为本村的幼儿教育"还是不错的"。

目前的幼儿园原是上庄村小学，新中国成立后，上庄村小学恢复了教学。但在改革开放之前，教育的政治性较强，教学制度、内容几经变革，对知识学习并不重视。

直到改革开放，教育事业才重被重视。1983年，上庄四、五年级学生并入中庄学校，上庄小学只有一、二、三年级学生。1984年，上庄小学三年级学生到中庄学校就读，上庄学校只留一、二年级学生。进入21世纪，生育率下降，出生人口减少，农村适龄儿童较少，农村学校组织为数不多的学生上课造成教育资源严重浪费。加上目前农村小学师资力量薄弱，一些学历偏低的老龄化教师对新的课程标准、新的课改要求远远不适应，严重影响农村小学教育教学质量的全面提高。同时学校多，教育经费紧缺，僧多粥少，资金分散，无疑增加了教育成本，加重了政府和农民的负担。自2001年起，国家为了优化农村教育资源配置，全面提高中小学教育投资效益和教育质量，促进农村基础教育事业健康可持续发展，对农村教育资源进行整合，摒弃"村村办学"的方式，对临近的学校进行资源合并，实施"撤点并校"。2003年，上庄小学一、二年级被并入邻村中庄小学，至此，上庄没有了小学，幼儿园便在小学的基础上扩建装修。上庄村及其附近的几个行政村的适龄儿童都在中庄小学就读。

中庄完小占地面积21,580平方米，建筑面积6030平方米。运动场地面积10,614平方米，宿舍楼建筑1260平方米，餐厅可容纳300人同时就餐。图书7735册，教学仪器达到了国家二级标准。学校拥有计算机网络教室、图书室、阅览室、仪器室、科学教室、音乐教室、美术教室等。该校现有10个教学班，在校学生294人，寄宿生278人，专任教师16人。

中庄完小是一所农村寄宿制完全小学，即使上庄村和中庄村紧邻，仅有十分钟路程，该村的小学生也被要求住宿。这样一来，孩子们七八岁便要离开父母、离开家庭开始独立的学校生活。家长们认为寄宿制一方面便于学校管理，一方面家长可以腾出时间找一份工作，有利于孩子们的成长与自立能力的培养。学校也配备了专门的生活老师照顾孩子们的生活起居。入学第一学期先教孩子们洗脸、刷牙、洗脚，互相梳头发，孩子们慢慢长大了，基本事务会做了，在三年级的第二学期开始学习叠被子。晚上

中庄完全小学

生活老师看着孩子们洗漱完毕入睡后自己才回去睡觉。

村民们虽不反对寄宿制，但仍担心孩子们吃不好住不好。学生们的伙食都是家常便饭，即大米、面条、馒头、稀饭，每天换着吃，花费不高，平均每天五块五。家长们觉得伙食一般，应该提高标准。生活老师则尽力照顾周全，给孩子们提供一个健康、舒适的住宿、生活环境。而孩子们大部分倒是乐意住宿，或者已经习惯了住宿。他们认为和同学们在一块儿生活、学习很好。一位五年级的小女孩这样讲述她的感受："学校生活很好，晚上经常有活动，有时候我们还可以一块儿看电影，生活老师很照顾我们，晚上会和我们聊天，还可以和其他同学们在一块儿。大家每天一块儿洗脸、刷牙，如果我一个人也许就不想刷牙了。"

从上庄村出发，十分钟便可到达中庄小学。走进学校，经过教师办公楼便可看到教学楼。早上的阳光洒进教室，使教室温暖而明亮。讲台上侧

中庄完全小学计算机网络教室

中庄完全小学音乐教室

装有投影仪，右侧设置了小型图书架。每个班都有图书管理员，负责借书还书事宜。书本一个学期借一次，每个人两本，看完后学生之间再交换阅读。每天早上，学生们朗诵老师指定的文章，中午学习写字，晚上老师组织大家讲每天的收获、开心或不开心的事，引导学生反省、反思，并定期给学生们放视频，丰富学校生活，将"晨诵、午写、暮省"与"读、写、思"有效地结合起来。

和其他地方的小学教育一样，上庄村的小学生们学习语文、数学、英语、思想品德、科学与社会、音乐、美术和体育等课程，共有24个老师教授课程。中庄小学拥有计算机网络教室、图书室、阅览室、仪器室、科学教室、音乐教室、美术教室等专用教室。学校主教学楼右侧是电教楼，计算机网络教室、音乐教室、美术教室便位于此楼上。计算机教室配备有大概40台电脑，学生上课所用电脑和老师办公使用的电脑都是最近新配置的。音乐教室可容纳八九十人，后侧放置三个柜子，放有各种乐器，如三角铁、双响桶、响板、小镲、铃鼓等。音乐课程有专职的老师教授，并组织了合唱队。据学生们说，合唱队经常练习唱歌，在其他学校都小有名气。

教学楼再往西是宿舍楼，两楼之间有一块平整的土地，那是劳动实践基地。春夏之时，学生在老师的引导下亲手种植花草或者农作物，观察植物生长过程，在需要时下地做简单的劳动，培养学生的基本农业劳动技能。其实，实践基地并不是刚刚出现的，早在改革开放前，为纪念毛泽东"贫下中农管理学校"的指示，上庄、中庄便于1969年各出两亩地，作为学校的校田，让学生参加劳动，自己耕种，使学生耕作成为一种常态。改革开放后，其他学校都转而重视室内的课本教学，三庄的教育仍坚持劳动实践传统，带领学生继续进行校田实践基地活动。

上庄村自着重转向旅游业始，耕种土地、种植农作物的经济收入在村民收入中所

中庄完全小学劳动实践基地

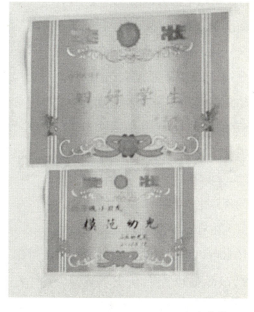

学生奖状

中庄完全小学演讲比赛

占比重逐渐下降，同时，为配合天官王府的旅游开发，村里开始种植观赏林木，耕地面积不断减少，这使得村子里孩子们种地、认识农作物生长过程、下地干活的机会大大变小。

而小学教育则为孩子们补上了这一课，既帮助孩子们掌握农业知识，又锻炼了孩子们的劳动技能，培养了孩子们吃苦耐劳的精神。现代化的教育走进村庄，但与传统教育并不相悖，两者结合才能培养出全面的现代化人才。

在有小学生的农户家中，经常可以看到墙上贴着各种奖状，都是孩子们在中庄完小比赛所得。学校活动很多，清

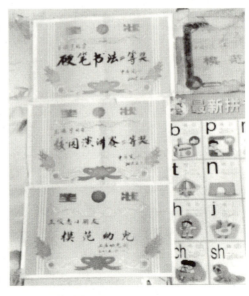

农户家中的学生奖状

明期间学校会组织学生扫墓，六一举行广播操比赛，平常还有书法、唱歌、演讲、征文比赛等活动。今年新学期学校将举办"书香三晋"征文比赛。教师节、国庆节、清明节学校也会举办相关主题的演讲比赛。日常教学期间，每天下午两节课后，学生可根据自己的爱好参加不同的兴趣活动小组。春季、秋季学校还组织有运动会。秋季运动会主要是田径项目，春季运动会是除田径项目之外的其他项目。此外，针对三年级以上的学生学校还会定期组织参观天官王府。

小学生念书的成本很低。义务教育免学费之前，上庄村小学生的学费都由村集体支付。从2005年国家将农村义务教育全面纳入公共财政保障范围后，大大减轻了农民的教育负担。继免除学杂费后，中庄完小从前年开始对全部学生免收住宿费，现在学费、教材费、住宿费都不用交，只交作业本费、生活费，教育支出基本对家庭构不成压力。同时，学校对贫困寄宿学生进行补助，小学一学期补助500元。2014年春季，上庄小学共有136人享受生活补助，其中上庄村有28人，占到20.6%。贫困生认定遵循公开、公正、公平的原则。四年级以上的学生可以参加贫困生的评选。评选时班主任会在班上向大家说明班里有多少贫困生名额，参评的都有哪些同学，各个家庭都有什么样的困难，然后问学生有没有异议，经学生举手表决，最后确定贫困生名单，由学校统一公布。在农村这样一个熟人社会中，学生们都了解班里同学的家庭情况，因而这种贫困生评选办法能确保贫困补助发放的公平性。同时，学校也会调查了解学生家庭情况，放假期间，班主任还会对学生家庭状况进行走访调查。曾经有个学生家里人得了白血病，因治病花光了家里的积蓄，并且后续治疗还需较大的费用，了解情况后，在进行贫困生评定时，该班的班主任为这位同学申请了贫困生补助，减轻了该学生的家庭负担。

中庄完小大门上侧的标语"赏识每一个孩子"，体现了学校的教学理念，即对孩子的尊重、理解和激励。2015年元旦期间，学校要求大家从身边的人群中找出自己最赏识的人，并把它写出来；还计划设立"学生讲堂"，让学生讲述自己赏识的人和事，一方面锻炼学生们的表达能力，另一方面教育学生赏识他人。其实每个人都应该有自己赏识的人，我们所赏识的人和事就是我们所追求的人和生活，就是中庄完小传达给学生的思想和理念。相比单纯地做宣传，这种活动有利于弘扬正能量，唤醒人内心的选择、内心的是非观。意识的唤醒，远比说服教育强。

3. "教育进城"

孩子们成长的过程也是逐渐走向城市，接受更多教育与增长见识的过程。结束六年小学教育的少年们，迈出上庄村和中庄村，走向城镇，走向大城市，继续自己的求学之旅。

上庄村的少年们在润城镇接受初中教育，考入高中的则在阳城县各个高中就读。

为方便学生们学回家，减少家庭的交通支出，2012年，上庄村给初高中生发放了乘车优惠卡，初中生每人发放48张，高中生每人发放12张。2012年度1~6月份共有58名初中生、30名高中生领取了乘车优惠卡。可惜的是由于村庄前期对旅游的投入大，集体收入减少，乘车补助在2014年被取消了。

虽然学生们现在没有交通补助，但在义务教育阶段七至九年级寄宿的贫困生仍可享受每学期625元的生活补助。2014年春季，润城中学共有280名学生得到了生活补助，其中上庄村有26名学生，占9.3%。学校的老师认为，贫困生补助其实有两个作用，首先，它能帮助特别贫困的家庭减轻教育负担，保证孩子能够上得起学，且补助发放不分学生学习成绩好坏，每个学生都是平等的，名额会优先给贫困学生；其次，除了特别贫困的家庭，其实很多学生家庭条件都是差不多，这个时候就会考虑到学习成绩的因素，这样补助发放会激励学习成绩不好的学生好好学习，也会让学习成绩好的同学更加努力学习，继续保持好成绩。因此生活补助名额的认定是综合考虑的结果。

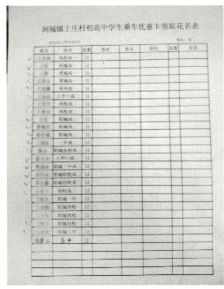

学生乘车票汇总表

与义务教育阶段的成本相比，高中以上的教育成本急剧增加。为鼓励村庄的学生考取重点高中，考入大学，减轻学生家庭负担，2009年，村委会公布《村规民约》，规定凡本村户籍在校生，考取重点本科者一次性奖励5000元；考取阳城一中奖励2000元。上庄村做三年远景规划时，提到要扩大考入重点大学和重点高中的奖励范围并加大奖励力度，鼓励村内青少年积极上进。

村委会重视村内学生中高考成绩，家长们则更加关注，不少家长为了让孩子考个好成绩随孩子入城陪读，只为孩子能在中、高考时中榜。在阳城县内，流传着这样一句话："迈进阳城一中，就等于一只脚已经踏进

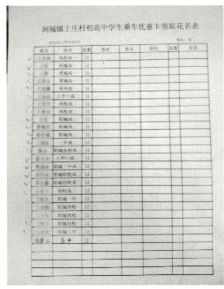

上庄村初高中学生乘车优惠卡领取花名表　　上庄村初高中学生乘车优惠卡领取花名表

了大学的大门。"而初三阶段是迈进阳城一中的黄金冲刺阶段，高三的重要性更是不言而喻，因此家长进城陪读的时间主要集中于孩子初三和高三阶段。但从上庄村目前的趋势来看，陪读时间从初三、高三阶段逐渐延长至初二初三至整个高中阶段。

案例一：

在村统一修建的独家小院内，住着一户四口之家。爸爸原来是做生意的，现在在煤矿上班。妈妈没有工作，在家打理家务，陪孩子读书，在家给孩子做饭。家里有两个孩子。大儿子在阳城一中，今年刚刚结束高考。小女儿在润城中学念初三，从初二开始妈妈就陪女儿在外租房陪读。家长觉得初中住宿、伙食一般，有点乱，而且孩子不想住，妈妈便开始陪读。今年由于大儿子面临高考，妈妈便在高三下学期在阳城一中找了一间学区房，陪儿子一起高考。相比陪读小女儿读书的房租，一中的学区房就比较贵了，房租一年得差不多一万，而且县城生活成本高，一个月需要支出两三千。虽然供两个孩子念书，都陪读，费用支出较大，但家长还是愿意陪读，认为孩子学习成绩比较重要。九月份开学，妈妈会继续和小女儿租房子住，而且妈妈表示，如果小女儿明年能考入阳城一中，妈妈会从高一开始陪读。

案例二：

在独家小院小区的另一家，也有一户四口之家，爸爸四十多岁，是党员，在润城煤矿工作，有一儿一女。大女儿二十多岁，去年从晋城职业技术学院毕业。父亲说，因当时陪读现象还不普遍，所以初中、高中时也没想着给女儿陪读。小儿子现在是阳城一中高三学生，看着其他家长都在陪读，怕自己孩子"掉队"，所以在孩子初三下学期时，妈妈便过去开始陪读了。初中陪读成本相对较低，一个月的房租加其他花销一千多即够了。家长、学生都觉得学校伙食、住宿条件不好，休息不好。孩子考上一中时，家长本来打算孩子高三时再去陪读，但是高一、二住校，高三再办手续陪读会比较麻烦，所以索性从高一开始就去陪读了。找的房子是学区房，房租一年一万，加上每个月三千多的花销，一年下来得四五万。虽然花销大，但仍在家庭承受范围之内。

家长们普遍认为供孩子上学是家长的义务，只要孩子愿意学，家长陪读没问题。而陪读与否主要是由家长做主，孩子持无所谓的态度。当问到陪读是否会影响孩子自立能力的培养时，家长说孩子从小学就开始住校，经过小学、初中阶段，孩子已经有了初步的自理能力。虽说陪读不一定会保证孩子成绩好，但是陪读起码能保证孩子不学坏，没有副作用。

案例三：

村里有一家八八宴饭店，老板娘有两个女儿，小女儿六年级，现就读于中庄完小，大女儿刚刚结束中考。从刚上初中开始，老板娘就在润城中学外租房陪大女儿读书，家里饭店的生意都是爸爸在打理。饭店原本只需要雇三四个服务员，由于老板娘不在，多雇了两个人给饭店帮忙。陪大女儿读书房租1000~2000元，日常花销1500元。老板娘表示，大女儿若能考上阳城一中，就会继续陪读。孩子也不反对。她认为，陪读对孩子自理能力影响不大，而且成绩比自理能力更重要。

案例四：

村里管理旅游的王进强居住在村统一盖的单元楼内。王大哥有两个孩子，大儿子今年刚刚从润城中学毕业。他们并没有去陪读，虽然和孩子提过一次，但是小儿子刚刚出生，需要照顾，陪读之事便作罢了。家长表示不愿意去陪读，"能不去尽量不去"。他们说陪读比较麻烦，学习还是得靠自己。大儿子去年参加了"北大夏令营"，对其影响很大。从那以后，孩子知道学习了，父母觉得孩子知道自觉学习，成绩也不错，对孩子比较放心，所以认为陪读没有必要。

经过与上庄村家长们交流，可以发现，在初中陪读和在高中陪读成本差距巨大：初中学校位于润城镇，加上离家较近，花费较为少，一年三四千便差不多；高中位于县城，一年衣食住行的支出大概需要四五万，是初中陪读成本的10倍！所以陪读得首先有经济基础，村里陪读的家庭大都经济条件较好，处于村里中上等水平。

家长陪读与否，最重要的是看孩子的成绩，值不值得去陪读，他们陪读的目的就是让孩子考上重点高中，考上大学。一开始，家长会根据孩子初一或初二的成绩来做判断，如果孩子的成绩较差，家长去陪读的概率便很小；如果孩子的成绩处于中上等水平，家长去陪读的概率便会大大增加。因为初中陪读的成本较低，所以初中陪读现象更为普遍。而孩子们是否考上阳城一中也成为家长下一步是否继续陪读的重要依据。大部分家长表示，只要孩子考上阳城一中，他们便会从高一开始陪读。

其次，家长陪读很大程度上受环境影响。前几年陪读现象较少，家长们都没当回事。近几年陪读成为普遍现象，家长们便都按捺不住，生怕自己的孩子"掉队"。

最后，家长对孩子自觉学习能力的认知也是家长决定陪读与否的重要因素。若家长认为孩子能够自觉学习，便认为陪读没有

上庄村《村规民约》节选

必要；而绝大多数陪读家长认为自己的孩子自觉学习的能力并不强，因此需要自己的看护和监督。

在整个陪读过程中，基本上都是家长"一言堂"，相对忽略了孩子的意愿。家长对孩子成绩的重视程度远远超过了对孩子自觉、自立能力的培养。

总而言之，陪读是一把"双刃剑"，是否陪读，还需要家长们根据家庭实际条件并征求孩子的意见来慎重做出决定。

4. "村本"教育文化

在蕴藏着古老历史文明的古村落——上庄村，教育文化彰显着本村独特的风味与特色。

20世纪90年代之前，农民文化素质低，文盲在农村中占很大比重，上庄村人那时仍靠土地为生，村里的农民教育以扫盲和教授农业技术为主。20世纪70年代末，村大队成立了"农民业余学校"，以扫盲识字为目标。20世纪80年代以来，农民教育以技术教育为主，农民文化素质不断提高，科学种植意识得到增强。1990年，经县、镇二级教育部门组织人员对扫盲工作进行验收，全村青壮年全部脱盲，并领取了合格证书。

随着十一届三中全会后村办企业的不断发展，上庄村煤炭、铸造、冶炼业开办得如火如荼，企业、工厂职工人数增加。由于职工流动性较大，各企业每年都要根据本厂生产及岗位特点，对职工进行培训。煤矿内部设立了职工技校，以安全为重点，对新上岗的工人都要进行7~15天的岗位培训，还要参加上级主管部门组织的专业培训；地面企业主要对职工进行生产管理、成本管理、全面质量管理以及劳动技能的培训；对新上项目的关键岗位及主要技术人员，一是派出去学习，二是请进技术人员到厂里专门教授，边学习边实践，以此来提高职工的技术素质。

2009年10月，随着小窑沟煤矿那一声炮响，曾经以煤为荣的上庄人明白他们靠山吃山的时代已一去不复返了，转型发展刻不容缓，势在必行。上庄村开始依托丰富的旅游文化资源，开发天官王府景区，逐步实现跨越发展，村内的教育和文化呈现一番新的景象。

　　上庄村利用多种形式大力开展各类精神文明创建活动，通过评比促进村庄文明。早在2004年，上庄村便进行了星级文明户评定，采用联户评比的方法，各小组评出后，由村十星级文明户评审委员会进行评审，党支部、村委会审核，在村民代表大会上通过后张榜公布，进行挂星。星级文明户评审半年一小评，一年一总评，对获得八至九星的户公布表扬，对十星户表彰奖励。到2004年底，全村十星户占到了总户数的71.3%。文明户评定有一定的标准和要求，既要做到家庭文明，更要做到公共文明；既要做到老有所养、幼有所教、夫妻和睦，更要做到不违反计划生育、无违法犯罪行为等。后来上庄村利用天官王府旅游景区建设契机，增加了平安家庭、文明家庭、乡村好人等评选活动，借助评选，在全村上下打响了一场文明创建活动的战役。同时，每年年终都要在环境卫生、林业管理等行业开展"行业模范"评选活动。对评选出来的先进典型进行统一表彰，鼓励村民争做标兵、先进和模范，村中不断有模范户、文明户、乡村好人涌现出来，为全村人做了表率，村民文明素质整体明显提高，给外来的游客留下了良好的印象。

　　村民王江龙连续两年被村集体评为"优秀村民"。王江龙出生在一个普通的农民家庭，初中毕业后他就立志要改变家庭现状，让父母过上幸福舒心的日子。在给别人开了几年车后，他用攒下的钱自己买了一辆东风车搞起了运输。近几年看到煤矿关闭工作推进势不可免，为给村民闯出一条创业的新路子，2003年，王江龙不顾家人的反对，把经营多年的汽车卖掉，搞起了养鸡场，目前他的养殖场的鸡已达到万只以上规模，不仅自己富裕了，还解决了村里一部分闲置劳动力，并积极向村民传授自己的成功经验，带领大家共同富裕。每年村里发放鸡蛋，有生病的老人无法领取时，王江龙都会送货上门。不管村里谁有困难，他都会伸出双手，能帮的就帮。不论村里搞建设集资还是国家救灾捐款，每次他都慷慨解囊。"金杯银杯，不如百姓的口碑"，在评选优秀村民活动中，他以全票当选，得到了广大村民的深切信任和肯定。

村民表演《天官回乡》

　　2015年，为避免形式主义，阳城县内的各种评选活动均被取消，上庄村的评选活动也随之停止。成功的评选活动能够促进村民积极争当模范，提升村民的文明素质。但"被绑架"的评选只是带着光环的空架子。不管怎样，上庄村的评选活动在该村历史上发挥的作用是不容忽视的。

　　另外，上庄村的文艺活动很是丰富多彩。该村成立了由50人组成的文艺宣传队，队员全部实行上班制，深入挖掘本地民间艺术和非物质文化遗产，现在的表演形式已由传统的"担花篮"发展到"打花棍"、"打腰鼓"等艺术门类，并经常开展活动。上庄村通过在皇城相府景区进行表演等形式以团养团，自主创收，不仅安排了剩余劳力，而且取得了良好的经济和社会效益。同时，在每年三八、五一、元宵节等重大节日，村里都要举办群众喜闻乐见的自编自演的文艺晚会，以丰富群众的业余文化生活。另外，村中会定期举行篮球、门球等友谊赛，有组织的大型文化、体育活动一年举办三次，而群众自发组织的比赛每年都在200场次左右。尤其是在2011年6月11日，上庄村迎来了建村史上的一次盛事，晋城市"中国文化遗产日活动启动仪式"在上庄村胜利召开，广大村民积极参与环境整治

村民演唱"中庄秧歌"

和各项公益志愿活动，再一次向全市人民展示了上庄村民的良好形象，同时也增强了大家热爱家乡、建设家乡的热情与信心。在建党90周年之际，村党支部组织了100人的合唱团参加镇里组织的红歌比赛，为党的生日献上了一份厚礼。

在众多文艺活动中，发源于上庄村的民间戏曲"中庄秧歌"最是闻名，目前已被确定为"省级非物质文化遗产"。"中庄秧歌"这一独特的地方剧种产生于何时，至今已无法考证。据老人回忆，早在民国之前就已有人传唱。不过，中庄秧歌真正兴起源于1945年，当时为了庆祝抗战胜利，宣传党的方针、政策，鼓舞劳动人民的生产热情，在党和政府的支持下，三庄人李敦兴、李益州、张泽生、李江生、赵成福等老艺人筹备组建了"醒民剧团"。后来众多老艺人的加入使"中庄秧歌"这一深受人民群众喜爱的表演形式日趋完善。中庄秧歌的表演以唱为主，以演为辅，演唱结合。表演过程中，根据故事情节使用不同曲调，唱词大多来自老百姓

的日常生活典故或口语，极
具生活趣味，朗朗上口，诙
谐幽默，并能够紧跟形势需
要，起到良好的宣传教育作
用，感染力极强。

为保护"中庄秧歌"这
一非物质文化遗产，村委会
从村内老人处收集传统剧
目、曲调，统一在村委会保
存建档；在村委会档案中可
以看到上、中、下三庄"中
庄秧歌"第一、二、三代所
有传承人的简历表，便于人
们了解中庄秧歌的传承史，
选择新的传承人。同时，村
委会也十分注重从村内及周

曹继信老人自创的曲目

边村中选拔优秀青年参加中庄秧歌的培训学习，传承文化；积极组织各类
活动，扩大宣传。他们利用天官王府景区这一平台，设立专场，为广大的
游客进行表演；同时，利用电视台、报纸等扩大宣传。中央、省市县电视
台在上庄录制节目时，也趁机把中庄秧歌进行推广。经过村干部和村民的
共同努力，中庄秧歌于2008年列入晋城市第二批非物质文化遗产项目，并
于2011年列入山西省第三批非物质文化遗产推荐项目。

多彩的文艺活动不仅丰富了村民的业余文化生活，而且促进了村民之
间的交流和沟通，活跃了村民的精神风貌。

曹继信老人是"中庄秧歌"的一位二代传承艺人。他对中庄秧歌情有
独钟，每次登台演出总少不了他的身影。每年元宵、元旦、春节等节日和
周边村庄赶会唱戏、村民婚丧嫁娶及闲暇时，他都要同别人交流。他时常
会编排、演出各种曲目，并经常自己创作作品，深受百姓喜爱。

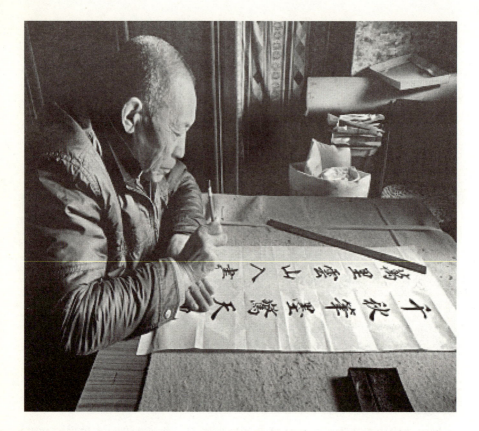

曹继信老人在写毛笔字

已经74岁高龄的曹继信老人不仅善于演唱词曲，而且热爱书法，自幼受三祖父和父亲的影响，写得一手漂亮的毛笔字。他得作品曾入选晋城市尧年书画展，并载入《晋城市尧年书画集》，多次获得市、县、镇书法奖。他曾为中、上两庄复修汤帝庙、炉峰院写碑文、牌匾等，得到观者的一致好评。

沿上庄村古河街行走，到沿街院，进入王国光次子、万历壬午科举人、钦授别驾王兆河于万历年间建造的府第，也叫别驾院。该院与国家5A级景区皇城相府主人清代名相陈廷敬有很深的渊源（陈廷敬曾娶王国光玄孙女为妻），是陈廷敬的岳丈王祚启居住及行医之处。曹继信老人和他的老伴便居住于此。

进入曹大爷的家门,映入眼帘的便是墙壁上贴着的书法作品,有的出自曹大爷之手,有的出自来此学习书法的后辈之手,与古老的房屋相得益彰,使古老的院落更添古韵。掀开门帘,进入曹大爷的屋里,屋内书画作品更是挂满了墙面,其中有很多为其他书法爱好者所赠。桌子上摆放着曹大爷的各种荣誉证书。2012年元月,山西省文化厅授予曹继信老人"第三批省级非物质文化遗产项目代表性传承人"证书,2014年9月老人又被中共阳城县委、阳城县人民政府评为"优秀乡土人才",2014年10月获得"关心下一代工作荣誉奖"。

老骥伏枥,志在千里。74岁的高龄并没有阻挡曹大爷潜心书法、发展文化事业的热情。为传承书法,曹大爷一手创办了继信书法班。然而继信书法班的创办不是一帆风顺的。最开始时,曹大爷在寒暑假即将来临时便开始宣传招生,但是学生寥寥无几,书法班没有办起来。后来上庄景区开发后,来景区参观的人多了,继信书法班的名气也渐渐走了出去。在邻居和

曹继信老人院内

亲朋好友的鼓励下，曹大爷正式着手举办书法班。他自己买笔墨纸砚和书桌，在家里开始了书法教习。结果前来学写字的学生超乎曹大爷的预想，最多的时候学生达到50个，有本村的，也有很多外村的。但是由于屋内狭小，空间有限，容纳不了这么多学生，曹大爷便将大家的上课时间错开，分为上、下午。当时收费很低，半天收取三四块钱，后来涨到五块钱，但继信书法班仍然入不敷出。有的学生学习两三天便不来了，有的断断续续地来学，根本没法算学费，曹大爷也不便向邻里邻居的村民要钱。在他心中，办书法班并不是为了赚钱，而是为了传承书法，后来他索性免费教授书法。

书法班上，有的孩子比较调皮、淘气，曹大爷还得操心着看护着这些孩子。有时墨水沾到孩子衣服上，他都觉得不好向其家长交代。曹大爷现在年事已高，加上老伴有病，身体不好，平常需做饭照顾老伴，现在继信

书法传承

书法班已经不再正式招学生了。去年中庄完小聘请曹大爷到小学教写书法后，曹大爷现在每星期到中庄小学教授一次书法课，平常教授专程前来学书法的学生。

虽然书法班不再正式招生，但慕名前来求学的人仍络绎不绝。他们或是向他求教，或是求帮忙写字，对此曹大爷都热情招待。谈到书法，老人更是滔滔不绝，经常讲着讲着就忘了吃饭。过年时他家更是热闹，他书写的春联常常会摆满了屋子。

曹大爷热爱书法，潜心学习，视传统书法传承、传播为己任，而且乐于助人，人们都深受感染，因此总有好心的拜访者送来笔墨纸砚支持继信书法班。倾之我心，收获他心。继信书法班，不仅是学习书法、传承文化的基地，更是和谐、奉献、感恩的情感辐射体。

在上庄古村，前可研习古代书法，后可领略革命老区。解放战争时期，无数上庄儿女奋勇抗争，驻扎该村的太岳军区被服厂为前线源源不断地输送衣物，为革命胜利做出了巨大贡献。上庄村以此为抓点，置办革命展厅，用图片、实物向人们展示历史场景。并上演革命题材的"上庄保卫战"实景演艺节目，再现革命时期驻扎上庄村的太岳军区被服厂与敌斗争的真实故事，使人们在参观展览、观看演出的同时感受老一辈革命者不怕牺牲、艰苦斗争的精神。

为推进学生实践教育，上庄村积极创建爱国主义教育基地、未成年人思想道德建设实践基地。他们充分利用资源优势，开展"企校共建"，在校外实践中进行村本文化传播和爱国主义教育。天官王府被中庄完小确定为"综合实践活动基地"，学校定期组织学生参观天官王府，通过实物展示、导游讲解等形式，开展"我与祖国共奋进"、"学党史，知党情，跟党走"、"高举团旗跟党走"等主题活动，让学生们了解历史，帮助他们树立正确的世界观、人生观和价值观。

在上庄古村落你也许会看到这样一个特殊的旅游团：二三十个人，平均身高一米四，佩戴红领巾，童真、稚嫩的脸上挂着开朗的笑容。他们对每个景点都充满好奇与兴趣，炯炯有神的眼睛探索着古老建筑的历史与故

小导游介绍天官王府

事。一阵阵铜铃般的笑声从各个角落传出来，一向严肃、庄重的王府似乎也变得充满生机与活力。在这样一个特殊的旅游团中，你会发现一个特殊的导游，她和游客同龄，也佩戴红领巾，在认真地向大家讲解着古村落的故事。没错，这是上庄"企校共建"实践活动之———"争做小导游"活动场景。

中庄小学专门成立了"天官王府小导游队"，由学生们自己当导游，有兴趣的同学都可以参加，学习天官王府的历史与建筑，学习怎样当导游，怎样给别人介绍景点。学生们都兴致勃勃、积极踊跃地报名当导游，这样一个旅游团和小导游已经成为上庄村一道独特而靓丽的风景，深受学生和家长的好评。

在这样的教育实践活动中，学生们不仅学习了导游知识，增强了与人交流、沟通的能力，而且了解了天官王府的风土人情、历史故事，增强了对传统地域文化的了解，更深刻地了解了本土文化，增强了本土文化的热爱之情，进一步激发了大家爱祖国、爱家乡的热情。

三、农村养老与转型之维

也许是因为阳城有个山城煤业有限责任公司，也许是因为阳城依山而建，在阳城，总有爬不完的坡坡坎坎在等着你，所以，阳城又被当地人称为"山城"。坐落于阳城县东北角且靠山傍水的润城镇上庄村这个小村庄承载了几千年的传统忠孝文化，从过去的以煤养老到如今的旅游养老，阳城因老龄事业成绩突出而多次获市级以上荣誉。

"天增岁月人增寿，春满乾坤福满门。"随着社会经济的发展和人民生活水平的提高，人们寿命普遍延长。古时，70岁便是难得一见的寿星了，而今却是"六十小弟弟，七十多来兮，八十亦老骥，九十不稀奇，百岁平寿颐"。上庄村是一个非常适宜人居住的长寿人口云集的古村落，2014年该村被评为"晋城市十佳老年宜居村"。此外，上庄村还享有"全国文明村镇"、"文明和谐村"、"宽裕型小康村"等荣誉称号。据统计，至2014年底，上庄村60岁以上老人共176人，占全村总人口的17.6%，其中80岁以上的高龄老人达18人，70至79岁的老人达48人，60至69岁的老人110人。此外，本村还有空巢老

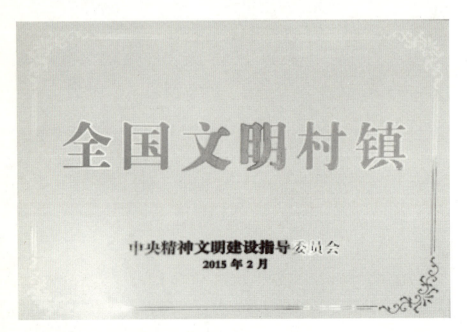

上庄村"全国文明村镇"荣誉牌

上庄村"和谐村"称号荣誉牌

人5人，残疾老人10人。

老年人是社会的重要组成部分，是中国革命和社会主义建设的有功之臣，是党和国家的宝贵财富。上庄村今天所拥有的辉煌成绩，是上庄村的老年人造就的，没有老年人当年的血汗，没有他们的无私奉献和辛勤劳作，就没有上庄村今天的幸福生活。忆往昔，上庄村的老年人是上庄村事业的创造者，他们用经验和智慧积累了上庄村发展的财富，用辛勤的汗水谱写了上庄村美丽的创业诗篇。

而如今上庄村的老年人因年迈离开了工作岗位，生活越来越需要别人的照顾，迫切希望有一个"老有所养，老有所医，老有所教，老有所为，老有所学，老有所乐"的和谐、健康的养老环境。为此，上庄村的村干部把发展老龄事业列入支部、村委工作的议事日程。多年来，他们坚持为老年人办实事、办好事，因老龄工作成绩突出先后被市、县老龄委评为"尊老敬老文明村"、"老龄工作达标先进村"、"老有所为先进集体"、

上庄村敬老尊老荣誉墙

"基金林创新先进集体"等。

1. 伦理之维

老人，即尊者，尊重老人就是尊重人生和社会发展的规律，就是尊重历史。"老吾老以及人之老"，尊老敬老养老是中华民族的传统美德。不尊重老人，就是忘记了自己的为人之本，也就是背叛了传统的孝道。上庄村的老年人为上庄村的发展奉献了自己的一生，他们理应受到家庭与社会的尊重、爱戴，享受上庄村事业发展的成果。上庄村两委一直把弘扬传统美德放在第一位，推崇"孝道为先"的家庭美德，大力弘扬尊老、敬老、养老、助老的文明风尚。

"孝，善事父母者。从老省，从子，子承老也。"在原始社会时期，孝是对人类自身繁衍及祖先经验、智慧的崇拜。周代，孝发展成人们普遍接受的一种观念，经过历代思想家和统治者的提倡、推行、传承，孝最终成为中国传统家庭伦理道德最主要、最基本的道德规范，以孝为核心的尊老思想成为中华民族的传统美德。

孝作为一种道德规范，具有丰富的伦理内涵。综合起来，孝的内容包括三方面：其一，赡养父母。孝首先是赡养，赡养是孝的基础，是孝最基本的表现，没有一定的赡养就谈不上孝。赡养父母是封建孝道中一项很重要的内容，它表明在家庭为社会基本经济单位的情况下，子女对父母应尽的道德义务。这种道德义务是人类种族繁衍的需要，也是人生自然规律的要求。当子女没有独立生活能力时，父母有义务抚育他们，而当父母年老体衰，丧失了劳动能力时，子女则要尽赡养扶助的义务。其二，敬爱父母。孝不但要求子女对父母尽各种奉养的义务，保证父母衣食无忧，更重要的是要对父母有敬爱之心。敬亲是子女对父母发自内心的自然感情的流露，它反映了人作为理性动物感情上的需求和互相交流，体现了人的文明和教养程度，是孝道中比养亲在精神上要求更高的一种孝行。第三，既要无违，也要劝谏。无违，即不违背父母的意愿，全力侍候双亲，并要使父母高兴。劝谏，即规劝谏诤，对于父母提出的不合理要求要及时发表自己的见解。在调查的过程中，一位受访者说："上庄村的老人都是从过去的苦日子中熬出来的，都受过苦和罪，在村旅游资源开发过程中，居住在景区内部的部分老年人认为自己的宅基地是祖上传来的，祖屋不可迁，一直不肯从景区中搬迁。但是比较开明的儿女则劝老人要顾全大局，要为村庄的整体发展考虑，不能'顾小家而舍大家'，最终成功使老年人从景区的旧房屋中搬离出来。"

中国是一个历史悠久的文明国度，有着六百多年历史的上庄古村正是因为保留了大量的中国传统文化才得以繁荣至今。上庄王氏一家明清时期就出了5个进士、5个举人，贡、监、生员百数人。此外，在上庄村的风云人物榜上还有一位人们褒贬不一的人物，他就是樊次枫。清末民初时期，樊家经营盐店、当铺、钱庄等生意，为清末富商。毕业于山西法政专门学校的樊次枫对家父修建的樊家庄园进行了大规模的扩建，如今在樊家庄园大门上方保留有精美的"福禄寿"三星和八仙过海的木雕，为民间木雕艺术的精品。此外，进入樊氏宗祠大门，首先映入眼帘的是那红底黑墨的"忠"、"孝"二字，宗祠二门中间垂花门上还题有"绳祖武"三个字，绳指延续，武指脚步，三个字合起来就是继承先人的思想，延续祖先的脚步。这足以说明上庄村人对于传统忠孝文化的重视程度。

上庄村自古以来形成的忠孝文化感染了一代又一代上庄人，改革开放以后关于上庄村尊老敬老的现实案例更举不胜举。村中一位58岁的张姓老人患有食道癌，去年刚做过手术，丈夫股骨头坏死，常年瘫痪在床，需药物维持生命。老人家有两位女儿，大女儿已经嫁到下庄村，小女儿目前还无对象。两位老人已无劳动能力，生活均难以自理，平时自己做不了饭，而且不能吃干的，只能吃流食，所以对他们而言，需要有一个专门照顾他们的人。平日里都是小女儿在家照顾两位老人。面对小女儿的照顾，张奶奶感慨地说："二女儿现在在我们村的景区当售票员，快到饭点就回来给我们二老做饭。去年一年我们二老住院九次，我们俩的病把家里的钱也花得差不多了，而且照顾我们也很牵扯女儿的时间和精力，去年一年她就

樊氏宗祠"忠"、"孝"二字

一直围着我们转。现如今二女儿已经32岁了，为了照顾我们，耽误了自己的婚姻。我的闺女是个好姑娘，都是因为我们两个而耽误了自己的终身大事。"像这样的孝顺故事在民风淳朴的上庄村并不鲜见。

乡村冬天的早晨，由于没有了绿树如荫的点缀，显得有点破败，再加上很少有人出来，也就显得有些冷清。只是到中午的时候，人们才陆陆续续地走出，在阳光好的地方聚成一团儿。墙根下晒太阳的人们，用传统的

"温馨家庭"获得者留影

姿势默默地坚守着这块地方，不笑而笑，无语自语。借此机会，笔者与阳光下聚团的老人们聊了起来，其中就有几位这样的老人：

村民马志花九十多岁（2015年元月去世），此前家中有六口人，其中三位为老人，四世同堂，年人均收入5000元。他们家四世同堂且相处和睦，儿媳双腿残疾，宁可自己不吃不喝，再艰难也要坐着轮椅照顾好九十多岁的婆婆，全家相处温馨和睦，因此被评为润城镇上庄村2014年"温馨

家庭"。

村支书李兵生，男，50岁，中共党员，被评为润城镇上庄村孝亲敬老模范个人。他对全村老年事业极为重视，扩大老人就业平台，提高老人政治地位，保证养老金按时足额发放，为60岁以上老人购买意外伤害保险。他家中父母年事已高，且都有慢性病，他不离不弃，而且照顾得很周到。

村民王永庆，男，60岁，被评为润城镇上庄村孝亲敬老模范个人。他个人身体不好，媳妇双腿残疾，双亲高龄且生活不能自理，但他照顾老人多年如一日。用他的话说："人生在世，什么事都可以忘记，但是不能忘记回报父母的养育之恩。"

村中孝敬父母的典范还有村民王江龙。说起王江龙，村民都夸他是个大孝子。他父母都年近七十，眼睛不好使，并且胃口不太好。江龙虽然很忙，但是他每天都要抽出一点时间去看望二老，并且叮嘱妻子做一些可口的饭菜给老人送去。老人们虽然每天念叨儿子辛苦，陪自己的时间太短，但是，他们心里很明白，其实儿子做得真的很不错，邻居们都说："老两口享福了，有这么一个孝顺的儿子。"

上庄村自古以来的孝文化影响了一代又一代上庄儿女，她们用

上 庄 村

（2014 年襄阳节）

牛赛苗捐助食油取表

牛赛苗捐助食油取表

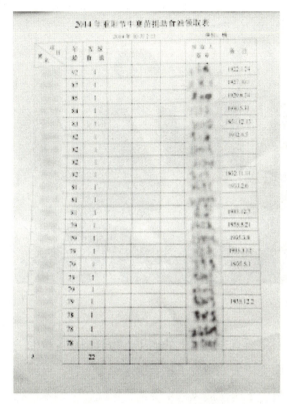

牛赛苗捐助食油取表

自己的实际行动践行着孝文化的真谛。关于农村养老的事迹，赵直余说："农村事情一直都是做得多，记得少。"四十多岁的牛赛苗本是上庄姑娘，前些年嫁往外村，父母亲均为本村的老农民，父亲2013年去世，平时对父母和村中其他老人很孝敬，实为村中尊老敬老的楷模。她一不忘父母恩情，二不忘家乡恩情，经常为村集体事业做贡献，常常说的一句话就是"做人不能忘本"。她将父母的吃穿时刻记挂在心上，把父母照顾得无微不至。父亲患了癌症，她自己一人将父亲接到晋城市医院，暂停自己的手头工作，悉心照顾父亲两个月，独自承担了十几万元的医疗费。她对上了年纪的父母做到了全方位照顾，解决了父母生活中的困难和不便之处。在精神方面，她常常给老人以关怀与慰藉。在当今社会，由于科学技术的进步和社会生产方式的转变，物质生活水平大幅度提升，老年人最大的问题，也许不再是缺吃少穿，需要更多的是精神上的安慰。牛赛苗不仅对父母亲照顾得无微不至，而且逢年过节还看望叔叔婶婶，给叔叔婶婶一定的生活费，而且自己花钱让叔叔婶婶去外地旅游，开阔视野。孝敬父母几乎人人都能做到，但如此孝敬叔叔婶婶者为数不多，牛赛苗的这种行为实在令人钦佩。牛赛苗的公婆在晋城市区开了一家律师事务所，事务所的收益比较好。从2013年开始，每年重阳节，牛赛苗、

牛赛苗的母亲与村干部合影

原晓鸿夫妇便自己掏腰包为村里所有70岁以上的老年人赠送调和色拉油一桶，为此村集体为牛赛苗、原晓鸿夫妇颁发了孝亲助老荣誉奖牌，目的是使孝亲敬老、崇尚文明在全村上下蔚然成风。牛赛苗、原晓鸿夫妇不仅思想上尊敬、爱护老年人，赡养双方父母，而且不论走到哪里，不忘生养的故乡，不忘家乡年老的长辈，连续多年为上庄村老年人捐钱捐物，2014年又为上庄村老年人捐款3600元。

晋城市"助老模范个人"赵直余同志是润城镇上庄村党支部副书记、老龄委主任，作为一名共产党员、村干部，多年来，他把敬老爱老工作摆在重要位置常抓不懈，时时处处以身作则，发挥榜样作用，教育引导广大村民增强尊老敬老意识，努力让每一位老人都老有所养、老有所乐，安享晚年。对于尊老爱老的工作，他有这样几点体会。

首先，思想上重视敬老爱老工作。赵直余同志常说："今天我们的幸福生活离不开上一辈的努力拼搏，正是他们当年的辛勤劳动打下了基础，我们才能有今天的幸福生活。如今，当年的劳动者虽然年过花甲，脱离了劳动，但他们为社会所做的贡献我们永远不能忘记。人人都会老，家家有老人，尊重老人，实际上就是尊重自己；关心照顾好老年人生活，不仅是中华民族传统美德的要求和应尽的责任，也是先辈们传承下来的宝贵精神财富。重视人伦美德、尊老敬老是中华民族强大的凝聚力和亲和力的具体体现。"在这朴实的话语中，句句都折射着他尊老敬老的崇高精神境界。

其次，行动上落实尊老敬老工作。赵直余同志初中毕业后当村干部已三四十年，曾经担任过村委主任、会计、治保主任、副书记等职。他致富不忘乡亲，设身处地地为村民着想，实实在在地为老年人办实事、办好事，使他们真正感受到了社会主义大家庭的温暖。他十分注重从精神上关心老年人的生活。每到春节、中秋、七一、重阳节等重大节日，他总是亲自带慰问品上门，祝老人们节日快乐，并向他们介绍当前转型跨越发展的新形势，听取他们的意见，帮他们解决生活中的困难。特别是对五保户老人，他更是嘘寒问暖，让老人们切实感受到大集体的关怀。

再次，工作上带头拓宽为民服务工作。在他的倡导下，村委制定了《老年人岗位责任制》，坚持给老年人创造适当的岗位，60岁以上老年人只要身体健康，有劳动能力者，都安排在村里的护林队、环卫队，为老年人创造了奉献余热的机会，提升了老年人的生命价值。他带头参加村内红白理事会，不论谁家有红白事，他都是从头办帮到尾，每户都要送去50~100元的礼金。他也常常带头帮助贫困老人。如该村老年人王接善的妻子煤气中毒，不幸得了后遗症，有个儿子还是个痴呆。得知王接善的妻子煤气中毒后，赵直余立即派车把他送往晋城市人民医院治疗，安排她住院，并送去1000元资助金。老人马志花，在一次洪水中房屋倒塌，粮食全部冲光，是他忙前忙后为老人安排住房，从家中背上米面送到老人那里。他带领村民小组长，挨家挨户为老年人签订"赡养协议书"，兑现率达到98%以上，为老年人家庭养老奠定了良好的基础。村里老年人坐在一起，每次谈到赵直余这位"好后生"时，都会激动地竖起大拇指说："有直余在俺们的晚年想不幸福都难，直余就是俺们贴身的小棉袄。"

就是这样，他们用言行感染着老人，遇到困难真正帮扶老人，用善良

赵直余安排老年工作

的心、炽热的思想、无私的行动、坚定的信念做老人的精神支柱、生活挚友和坚实后盾，平凡中体现着真情，细节上倾注着关爱，写下了一篇篇感人至深的孝敬老人的诗篇，奏响了一曲曲令人钦佩的敬老乐章。

如今的上庄村全村上下民风淳朴，老年人得到了应有的尊敬。相信在上级老龄工作部门的正确领导下，在上庄村委的大力支持下，上庄村的老年协会会越办越好，在社会主义新农村建设中发挥更大的作用。

2013年2月，为贯彻落实晋城市老龄工作委员会《关于开展"敬老文明号"创建活动的通知》，上庄村的老龄工作委员会的成员们由此展开了一系列"敬老文明号"创建活动，主要是在经营、管理、服务等工作岗位上积极开展为老人服务的活动。开展"敬老文明号"创建活动是在全社会开设一条爱心敬老的绿色通道，是以"关爱老人，构建和谐"为主题，以优化为老服务为目的，以行业、岗位为老服务管理规范为标准，以落实各项惠农政策、创新为老服务方式方法、提高为老服务质量、推动社会主义

上庄村"山西省敬老文化教育基地"奖牌

精神文明建设为主要内容，开展服务性竞赛活动。通过"敬老文明号"创建活动，增强了全社会的敬老意识，弘扬了尊老敬老爱老助老的传统美德，促进了社会主义精神文明建设，营造了良好的为老服务社会氛围。

为了响应上级的号召，上庄村的老龄工作委员会成立了上庄村"敬老文明号"创建活动领导小组及办公室，任命村主任徐前进为创建活动领导小组组长，主管老龄事业的赵直余为副组长，杨补助、王金城、延晋梅三人为小组成员，办公室设置在上庄村老干部活动室内。同时，根据上级的相关文件精神和本村的实际情况，确定了上庄村"敬老文明号"的服务内容：

> 弘扬中华民族尊老敬老传统美德，树立优待、优先、优惠的理念，村委各科室均应为老年人提供热情周到的服务；为全村60岁以上的老人建立健康档案；每年组织一次老年人健康义诊，为老年人提供免费检查身体、健康咨询的机会，定期开展健康教育

讲座；开展"百医进百村"工作，为村里孤寡老人、长期卧床患者、重性精神病患者提供居家诊疗服务；发放老年人健康服务意见卡，虚心听取老年人的意见和建议。

为大力发展老年人服务事业，弘扬中华民族尊老敬老传统美德，上庄村"敬老文明号"为老服务承诺如下：

1.把为老服务工作纳入村庄整体规划，并做到优先考虑，优先安排。

2.积极开展以老年人疾病预防为主的健康咨询、健康教育活动，不断普及和提高老年人的健康知识水平。

3.设立老年人诊断室、健康自测小屋，为老年人免费提供疾病诊断、健康咨询、量血压、测血糖等服务。

4.开展为老服务内容须贴近老年人的需求，要体现人性化、亲情化、个性化，内容包括生活照料、精神慰藉、文化娱乐、家政服务等方面工作。

5.建立居家养老服务站，老年人服务站要不断添加活动器件，让老年人在服务站享受健身、娱乐一体化的服务，使他们的精神面貌大大改观，晚年生活更加丰富多彩。

2013年6月至2014年5月，为老服务活动进入全面实施阶段。2014年7月活动结束后，上庄村因提供了生动的敬老文化教育题材，播撒了敬老爱老的爱心种子，诠释了新时期敬老文化内涵，塑造了尊老敬老文明和谐单位而被评为"山西省敬老文化教育基地"。

2. 政府之维

早期对生活贫困、生活不能自理的老人的救助往往依靠慈善，随着社会的进步，政府在养老保障中扮演着不可或缺的角色。"有困难找公家"，这是上庄村老人中流传最为广泛的一句话。在老人的眼中，是国家，让他们过上了美好的生活，政府会对他们负责，为他们服务。

新中国成立后，广大人民成了国家的主人，政府是代表人民行使权力并为人民谋福利的机关，因而更应该保障人民生活的各种权利。改革开放以来，上庄村老年人的数量逐年递增，传统的家庭养老模式受到挑战，家庭和个人的力量已经难以承担养老责任，村民们期盼晋城市政府能够在养老方面大有作为。

晋城市、阳城县及润城镇各级政府在上庄村的养老保障中发挥着重要的作用，集中体现为在下几个方面：

第一，宣传引导。在宣传引导方面，晋城市政府通过电视大力宣传尊老敬老的传统美德和农村社会养老保险的重要性，阳城县政府和润城镇政府则通过通告、宣传手册、广播等方式让村民切实感受到农村社会养老保险的好处，引导村民积极参与农村社会养老保险，为农村养老保障的发展营造了良好的舆论环境。在具体落实的过程中，许多村民一开始并不相信真的会有这么好的政策，因此他们都持观望的态度，部分村民在被问及新农保的缴费意愿时，都会说："参加新农保自愿不自愿都一样，上面的政策下来了不愿意都不行。"但是，在赵直余、王长青等村干部的积极劝说和引导下，村民们开始明白新农保确实是一项惠及农村老年人的政策，有利于保障村民老有所养愿望的实现。于是，村民们愉快地接受了这项惠农政策。在和王长青交谈时，他说："村民一般都是自愿的。百姓对政策摸不透、不了解，但是我去讲解一下，他们就理解了，于是就开始自愿缴费。新农保的效果还是比较好的，使得百姓的生活有了一定的保障，目前参保率已达90%以上。"

第二，法制建设。当前上庄村的养老事业在茁壮成长的过程中仍然缺少法律保障，直接原因是因为当前专项《农村养老保障法》严重缺失。因此，在法制建设方面，我们强调要充分发挥政府的作用，鼓励政府开展立法调研，在目前各项条件不具备的情况下可以先制定《农村社会保障法》或《养老保障法》，制定《农村养老保障条例》，待条件成熟时制定《农村养老保障法》。

第三，政策支持。自天官王府景区开发以来，阳城县政府通过科学决策，将发展农家乐作为促进上庄村村民就业增收的重要民生工程来抓，开展了帮助村民搞好规划设计、完善基础设施建设、协助办理相关手续等一系列帮建"农家乐"活动，还列出专项帮扶资金，通过各种渠道帮助村民培训学习、宣传促销，增加农民收入，为农民养老奠定了坚实的物质基础。这正是县里政策向上庄村倾斜的表现。

为了积极应对上庄村人口老龄化的趋势，加快推进晋城市养老服务业发展，根据《山西省人民政府关于加快发展养老服务业的意见》，并结合晋城市的实际，要求到2020年，全面建成以居家为基础、社区为依托、机构为支撑，功能完善、规模适度、覆盖城乡的养老服务体系。60%以上的

上庄村老年活动中心

上庄村老年活动场地（之一）

农村社区建立老年日间照料中心，每千名老年人拥有养老床位35张以上，为居家老年人提供生活照料、医疗护理、精神慰藉、紧急救援等基本养老服务。根据上级的政策要求，结合上庄村目前所拥有的各项资源，在赵直余的引导下，成立了一个规模适中、设施完善、制度健全、名称规范的老年日间照料中心。但是由于各种原因，该日间照料中心迄今为止还未开始营业，仅仅作为上了年纪的老人临时休息和无子女（空巢）老人暂时接受照料的地方。

养老服务在为老年人提供吃穿住行等基本生活保障的基础上，提供了保健、康复、文化娱乐、社会交流、继续工作、心理疏导等综合性服务。在老龄事业发展的过程中，各级政府应积极利用政策鼓励、推进其他部门提供养老服务。阳城县政府要求每个村中必须有老龄委办事机构、老年人活动场所、老年健身器材等，要求村集体为老年人购买意外保险。在上

上庄村老年活动场地（之二）

级政策的要求下及上庄村人的努力下，这些养老服务项目在上庄村中都已一一实现。

除此之外，上级政府部门对于新型农村社会养老保险与原有农村养老保险的衔接也做出了相关的政策安排：发展新型农村社会养老保险制度需要对历史遗留问题进行处理，也就是说要考虑新老制度之间的衔接问题。上级政府将养老人群分为"新人"、"中人"、"老人"三种情况。为此，我们分别在村中找了三种人群的典型代表进行访谈。对于"新人"（也就是新的农村社会养老保险制度实施后开始参保的农村居民），我们采访了一位景区售票人员，她说："自从新农保实施以来，我们逐年缴费，一切都按照当前政府的制度规定进行。"对于"中人"（也就是新的制度实施之前已经参加原有的制度，但尚未达到领取养老金年龄的农村居民），村里专管老龄事业的赵直余是这类人的代表，他告诉我们："我们原先老农保时期的个人账户余额自实施新制度之后就直接转入新的农村社会养老保险个人账户，等过几年达到领取年龄时，就可以领取基础养老金和个人账户养老金了。"对于"老人"（也就是新制度实施前参加养老保险并且年龄已经达到60岁的农村居民），则自制度实施之日起为其发放基础养老金与个人账户养老金，个人无须缴费。对于旧制度实施前已达60岁但没有参加养老保险的农村居民，为其统一发放基础养老金或老年津贴。

第四，财政投入。随着新农村建设战略的实施，国家对"三农"问题给予了高度重视，坚持"多予、少取、放活"的方针，加大了对"三农"的投入，增加了对农村养老保障的财政补贴和转移支付，使村中每位六十岁以上的老年人每人每月都可以领取到国家发放的养老金。

为了让辛苦了大半辈子的上庄老年人共享社会发展成果，上庄村根据自身的经济发展状况，加大了养老事业的投入，提升了老年人的幸福指数：一是为老年人健身活动提供场所，在村内中心地带建活动场所三处并

上庄村的农家书屋

增设了健身器材。二是在全县率先实现了由村集体统一支付新型农村合作医疗保险的全部费用，使参合率达到了百分之百。同时，规范了村级卫生所的管理，实现了老年人小病不出村的目标。三是积极推进新型农村养老保险全覆盖工作，村民参保比例逐年提高。同时为老年人等农村弱势群体开辟了新的老年活动中心。此外，镇党委、政府为了体现对高龄老人的关爱，近些年来一直坚持每年为村中85至89周岁的老人发放营养保健费100元，并为达到80周岁的老人祝寿、送寿匾。

为进一步体现党的惠民政策，提高60岁以上城乡老人的养老保障水平，晋城市政府于2012年1月1日起，将该市城乡居民社会养老保险基础养老金标准由最初的每人每月55元上调为每人每月65元。其中提高的10元资金，全部由晋城市级财政支付。自2014年起，晋城市城乡居民基础养老金再次提高，在之前每人每月65元的基础上又增加了15元，提高到每人每月80元。定下该目标后，晋城市政府高度重视，积极争取省政府资金，并协调市县财政资金配套到位。2015年1月份之前晋城市的国家养老金标准为90元，随着中央、省、市、县对老年工作的重视，加之对城乡老年养老工作的统筹，自2015年1月起上庄村的农村社会养老险缴费和待遇标准出现了调整：农村农民社会养老金的发放标准由过去的每人每月90元调整至每人每月105元。市、县每年把基础养老金下拨到镇里，镇里把钱发放到村里，再由村老龄委工作人员把钱亲自送到老人手里，并由老人签字。这样一来避免了儿女借用老人的社保卡随意取钱的现象，防止不孝子女取走老人的养老钱；二来老人不用专门到镇里取钱，减少了老人来回折腾的麻烦；三来部分老人不会使用社保卡，年纪大了密码也记不清楚。最近几年，面对基础养老金金额只增不减和村老龄委工作人员热情周到的服务，老人们纷纷激动地拉着我们的手说："还是共产党好啊，党和国家的恩情我们永远都不会忘记！"

当前老年人的养老金是由基础养老金、集体补贴和个人账户基金三部分组成，属于政府责任的则为基础养老金。据上庄村专管新农保的王长青透露：目前个人交100元，国家补贴30元；个人交200元，国家补贴35元；

个人交300元，国家补贴40元；个人交400元，国家补贴50元；个人交500至600元，国家补贴60元；个人交700至900元，国家补贴70元；个人交1000至2000元，国家补贴80元。个人的缴费一般由本人到村委会办公室缴费，并在缴费表上签字，缴费时间累计十五年。市级财政对参保人缴费补助10元，余下部分由县财政承担。对重度残疾人、低保户等无缴费能力的困难群体，由县政府为其代缴每人每年100元的养老保险费。

此外，2013年阳城县财政共下拨农村文化建设专项资金354.94万元，具体用于四个方面：一是文化信息资源工程村基层服务点（与农村党员远程教育服务点共建），补助标准每村每年2000元，用于宽带接入、运行维护及开展宣传讲座有关活动；二是农家书屋补助标准每村每年2000元，用于书报更新、日常运作及举办读书活动等；三是农村文艺演出活动补助标准每村每年2400元，用于行政村自行组织开展各类演出活动；四是农村体育活动补助标准每村每年6场，每场平均200元的标准，每年1200元，主要用于行政村自行组织开展各类体育健身活动。专项资金的投入，有力支持了全县农村公共文化事业的发展，保障了农民群众的基本文化权益，受到了基层群众的普遍欢迎。

3. 集体之维

明清时期的上庄，不但文化发达，而且经济繁荣，外出经商者可远至广东、内蒙古、甘肃等地。20世纪30年代，因日军侵华战争爆发，外出的商人才弃商返家。新中国成立后，饱受战争之苦的上庄人没有沉浸在古代辉煌的光环中，而是开始了新的创业史。十一届三中全会后，改革开放的大潮荡涤着这一略显沧桑的古老山庄，村两委根据党对农村的各项经济政策，抓住机遇，致力于村集体经济建设，并先后建起了煤炭、冶炼、建材等骨干企业，集体经济力量不断壮大，村民生活水平不断提高，彻底改变了过去单一的农业经济格局，创造了上庄历史上的又一个辉煌。1990年，中共阳城县委授予上庄村"文明村"的光荣称号。1992年，上庄村以总产

上庄村获得的部分荣誉

值860万元、人均收入1400元跻身于全镇5个、全县20个、全市100个首批小康示范村行列。同年，中共晋城市委、市政府授予上庄村"文明村"的光荣称号。1993年，中共山西省委、山西省人民政府授予上庄村"千万元村"的匾额，同年，中共阳城县委、县政府授予上庄村"明星村"的光荣称号。1993年末，上庄村全村总产值达到了2257万元，人均纯收入2200元，固定资产达到了1400万元，且无一分钱的贷款。1994年，全村总产值达到了3140万元，人均纯收入2520元。

历史上上庄村的集体经济颇为发达，这也为上庄村老龄事业的发展奠定了坚实的物质基础。新中国成立后，上级政府多次发放救济粮款，帮助困难户特别是困难老人渡过难关。集体化后，村集体每年都从公益金中提取救济粮款救济困难家庭。进入20世纪90年代，对困难户的救济则以现金为主，特别是对丧失劳动能力的老年人以及因病住院的老年人，从经济上给予重点照顾。如村民王法义老人因病住院，其医药费由村集体全部予以报销。1995年11月，王法义老人病故，村集体又提供3000元安葬费。

在其他村庄还为温饱问题担忧的同时，上庄村的老年福利事业已经悄然展开。1987至1990年，每年年终村集体给60岁以上老年人每人分发白面25斤。从1991年开始，年终村集体给予60岁以上老年人每人分发白面50斤。从1992年开始，村集体为60岁以上老年人每人每年发放养老金60元。从1996年开始，60岁以上老年人每年养老金的发放由60元增至120元。上庄村的尊老金标准在煤矿繁荣时期就已经确定，这些年来一直没有变，虽然现在煤炭资源整合导致村集体煤矿关闭，但当时确定的尊老金等福利一

上庄村老年协会

直没有断。从表面上看似乎没有什么，但实际是有影响的。如果村集体煤矿的经营一直持续到现在，那么老年人的福利水平就不会仅仅停留在现有的标准上。煤炭资源整合后，除了尊老金等福利标准没有提升以外，相应地，就业空间也受到了限制。

2002年，李岚清发表了关于"老龄工作的重点在社区、在基层"的指示后，上庄村两委便开始依托雄厚的集体经济来发展老龄事业。在上级老年协会的具体指导下，在村两委的亲切关怀下，在全村老龄委成员的共同努力下，上庄村坚持"经济转型跨越发展，创新扩宽居家养老服务"的工作思路，大力发展老年公益事业，不断创新尊老、敬老氛围，推动老龄工作健康向前发展。近年来，上庄村先后被市、县、镇授予"尊老敬老文明

村"、"十佳敬老先进村"、"敬老文明号先进村"等荣誉称号。

近年来，上庄村老年公益事业主要围绕以下几个方面展开：

第一，建立老年人专项组织机构，成立老年维权服务站，全力维护全村老年人的合法权益。

近年来，上庄村老年协会在上级老年协会的指导下，在村两委的关心下，成立了一个民间社团组织，该组织的主要领导由上庄村退休老干部担任，村委主要领导参与。组织成立后，开展了一系列老年公益活动，同时相继成立了关心下一代工作委员会、老龄工作委员会、青少年工作指导站、老年体育工作指导站等老年组织机构。上庄村自2002年成立老年维权站以来，认真贯彻党的十八大精神和《老年人权益保障法》、《体育法》、《全面健身纲要》、《老龄工作的决定》，坚持用"以人为本和社会全面进步"来统揽全村老年工作，大力宣传老年法律法规，弘扬尊老、敬老的传统美德，树立尊老、敬老的先进典范。制定《赡养老人责任书》，由子女签订养老责任书，明确养老的内容、数量、时间。对80岁以上的高龄老人村两委干部和老龄领导组成员实行"一对一"结对帮扶，具体入户了解所帮扶对象的实际困难，针对每位老人不同实际的情况采取相应的帮扶措施，把老人起居生活和所遇困难及时向包护人提出，由包护人具体协调解决。每年重阳节对赡养老人的好子女、好典型上门送牌表彰。多年来，上庄老年人无一人上访，村集体的这些做法能确保老人在社会上得到尊重，在生活上得到帮助，在心灵上得到安慰，在权益上得到保护。

第二，营造舒适优美的老人居住环境。

没有城市的喧闹声，没有城市的车水马龙，乡村显得宁静而干净。清晨时分，我们可以听见鸟儿清脆的叫声。成群的麻雀叽叽喳喳地叫着，一会儿落在电线杆上，好像五线谱上的音符；一会儿在树枝上跳来跳去，啁枝头；一会在空中飞来飞去，划过一道道美丽的弧线。这种美好的自然环境为老年人提供了温馨的生活家园。2004年，村委决定把村北的25亩山沟荒坡垫平整修，修建居民楼2栋、农家小院31套，供101户人家居住。同时村集体投资40余万元修建了阳山公园，公园内有假山、亭榭、广场、篮球

舒适优美的居住环境

场、门球场等，增设了老年活动器材。村中设有老年人活动中心，内设麻将室、阅览室、棋牌室。紧靠老年人活动中心设有小食堂、小卖部、美发店、物业维修、家政服务、卫生所等商业网点，服务设施齐全。老年人随时可以交电话费、水费、电费等各种费用。村集体还投入专项资金养护树木、花卉、绿地，实现了四季常绿，三季有花，一季有果。

第三，建立专业的居家养老服务队伍。

居家养老服务，是以家庭为核心，以社区为依托，以专业化服务为依靠，为居住在家的老年人提供解决日常生活困难的社会化服务。服务内容包括生活照料与医疗服务，以及精神关爱服务。居家养老的对象是全体老年人。老年人的需求极为广泛，不仅日常生活需要物质保障，更需要安全保障、生活照料、医疗卫生、文化娱乐、权益维护和自我价值实现等更高层次需求。为此，村集体在工作中全面动员，大力宣传并贯彻老年人权益保障法，使村民从心理上真正关爱老年人的精神、文化生活。

根据县政府办公室《关于推进居家养老服务工作的实施意见》，结合村内实际情况，上庄村所推出的居家养老服务站的主要服务内容为：

上庄村居家养老服务站

（1）信息管理服务，开展社区居家养老服务普查，登记养老服务需求，建立相应档案，接受养老服务咨询等；（2）生活照料服务，为老年人提供定时探望、保洁、餐饮服务（做饭菜）、理发、陪同购物、日托照料、洗衣等服务；（3）卫生保健服务，为老年人建立健康档案，提供疾病防治、定期体检、康复理疗、健康咨询、上门医疗等服务；（4）精神慰藉服务，上门与老人谈心聊天、读书读报，进行心理疏导等，同时开展各种有益身心健康的娱乐、健身活动；（5）权益维护服务，为老年人提供法律咨询、法律援助，切实维护老年人的财产、赡养、婚姻等合法权益；（6）文体娱乐服务，为老年人提供活动场所、体育健身设施、老年教育场所、搭建活动平台等服务。

上庄村根据上级政府要求，居家养老达到了"五个有"的标准：一有规范名称，服务站挂"润城镇上庄村居家养老服务站"牌子。

二有居家养老服务场所。

三有居家养老服务管理制度。根据加强和创新镇村社会管理的工作要求，结合本村的实际情况，上庄村制订了居家养老服务工作方案，组织开展本村的居家养老服务工作，做好有关居家养老服务的宣传与咨询；对本村内有需求的老年人调查摸底，并适时为居家养老服务对象建档；招募护老助理员与关爱长者志愿者，组织培训并指导督查服务人员的工作情况，同时

上庄村为老服务队伍花名册

建立护老助理员与志愿者档案；协调服务人员与服务对象的关系，抓好日常工作，根据服务对象反映的情况进行核实，有监督核查或调整服务人员的责任；定期对居家养老服务工作进行全方位评估，总结居家养老服务工作经验，进行考核及奖励；整合本村资源，采取多种形式，广泛开展有偿、无偿相结合式的居家养老服务工作。

四有居家养老服务工作队伍。上庄村居家养老组长为徐前进，副组长为赵直余、杨补助，成员为王金城、崔有正、曹继信、李接锁。

上庄村为老服务技术培训花名表

上庄社区老年日间照料中心

五有居家养老服务工作人员职责规定，要求居家养老服务工作人员接受服务站的统一管理、指导，及时为居家养老服务对象提供优质高效的服务；认真参加服务站举办的各类培训学习活动，不断提高服务素质和服务技能；严格执行服务站制定的工作流程；开展承诺服务，做到随叫随到，有问题及时解决；热情礼貌地为老年人服务，在任何情况下都不得与服务对象发生争执，严禁偷盗现象发生；不得接受老人任何形式的馈赠。

居家养老的主要形式有两种：由经过专业培训的服务人员上门为老年人进行照料服务；在社区创办老年人日间服务中心，为老年人提供日托服务，服务对象一般是"三无"老人。它最大的特点是解决了社会养老机构不足的问题，将大龄下岗女职工的工作需求和生活上需要照顾和居家看护的孤老这两个困难群体二者对接起来，调动社会力量出资建立家庭养老院，成为老人、养护员、政府和多方受益的良好模式。

村民李某，今年35岁，十几年前嫁入本村，目前为康辉旅行社的工作人员，主要负责上庄村景区的检票工作。她家目前有60岁以上老人两位，分别为64和65岁，且两位老人都有高血压。老人目前生活可以自理，所以与儿女分开独住在自己的家中。但是老人平时生活难免会有各种各样的困

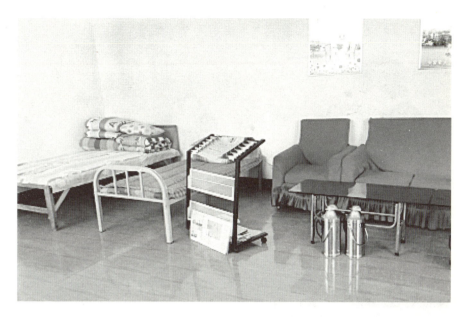

上庄社区老年日间照料中心内景

二〇一三年九九重阳福利券

鸡蛋五斤

（许小葱养鸡场）

期限 2013 年 12 月 30 日

2013年重阳节鸡蛋领取福利券

重阳节为老人送油

难，仍然需要一支专业化的服务队伍适时上门开展照料服务，居家养老正合其意。

在上庄村社区老年日间照料中心，上了年纪的孤寡老人白天可以聚集在这里，由村集体负责照顾。在这里，不仅可以保障老人的基本生活需

老年人优待证

开展老年人健康教育知识讲座的通知

求，而且隔壁的农村书屋也满足了老年人的精神需求。

第四，落实各项福利措施，不断为老年人办实事、办好事。

关爱老年人，加强老年人服务工作，在这一方面，上庄村主要采取了以下几种工作方式。

一是每年的重阳节，上庄村支部党委干部同全村老年人欢聚一堂，召开座谈会，同时为他们送上慰问品（五斤鸡蛋和一壶油等）、慰问金，送上节日的问候。

二是老龄委的工作人员及时为本村到龄老人办理老年优待证，以保证老年证最大限度地发挥其作用。

三是组织村级卫生服务站，开展老年人健康教育活动，发放健康保健宣传单，在这里，老人既学到了保健知识，又充实了精神生活，从而使他们找到了生活自信心。

四是定期看望五保老人、特困老人、空巢老人，为他们解决生活中的实际困难。同时，针对家境困难或收入不高的老年人出台特殊照顾政策，并相继建立了结对方案，让他们充分感受到社会主义大家庭的温暖。

五是加大尊老、敬老、助老的宣传力度，积极营造敬老、爱老、助老的社会氛围，重视老年人的精神生活，积极协调解决老年人来访工作。2012年，上庄村为全村161位老年人签订了"家庭赡养协议书"，解决了失能、病残、高龄老人的基本生活问题。以前，村中有个别家庭对赡养老人存在互相推诿扯皮的现象，老人们常说："子女多的不如子女少的，条件好的不如条件差的。"因赡养问题经常发生纠纷，其原因主要是缺少监督。为了解决好这一最基本的家庭子女养老问题，上庄村对70岁以上老年人的家庭情况进行摸底，按照每位老人一年所需的经费并根据其子女的多寡与老年人签订了赡养责任书，做到双方心中有数。老年协会重点解决了3位老人的赡养问题，总兑现率高达98%，深受老年朋友的信赖。

六是开放旅游景区，让全镇60岁以上的老年人免费旅游，使老年朋友可以"游上庄古村，观四朝民居，品官宅文化"。

七是为老年人提供便捷的医疗服务，每年邀请润城镇中心卫生院对全

润城镇中心卫生院对老人进行全面检查

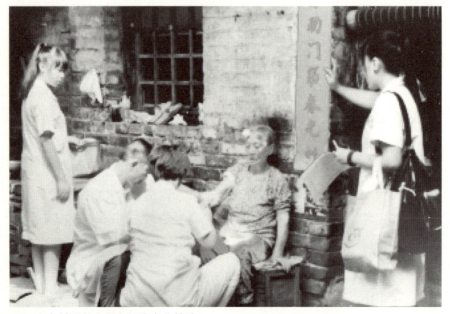

上庄村医务人员上门为老人就诊

村老年人进行一次免费的全面检查，卫生所常年为老年人免费量血压、测体温，村医务人员上门为老人就诊，并以个人为单位为他们建立了健康档案，患重病的老年人，村集体会派专车、专业医护人员接送、监护。老年人住院的医疗费用除由新农合报销外，村委会根据病情给予300~1000元不等的补助，确保每位老人能老有所医。

八是发放老年人乘车优惠卡。前几年，村集体为村中所

上庄村老年人领取乘车优惠卡花名表

有老人发放上庄村到润城镇购物看病的老年乘车优惠卡。但随着旅游业的兴起，来上庄村旅游的乘客日渐增多，现在开通了润城镇通本村的专线公交且价格比较便宜，收费均为每人1~2元，所以自去年开始，便取消了老年乘车优惠卡。

九是皇城村占了上庄村180多亩土地，皇城村的村委承诺每亩每年给上庄村集体600斤粮食，而村集体决定这些粮食全部分给村民，但以老年人为主。

十是自旅游业发展以来，村集体高度重视本村的环境卫生工作，要求做到"垃圾不落地"，同时为了维护村里的日常环境卫生，成立了专门的清洁队伍，清洁队伍成员由村民自愿报名，但录取时以老年人为主，这也

上庄村 2011 年重阳节高龄老人补助金领取花名表

姓名	县补助金	镇补助金	镇礼品	寿匾	领取人签名	备注
刘贵	800	1000	床单一条			
马志远	200	200	床单一条			
王振合	200	200	床单一条			
周敬成	200	200	床单一条			
崔秀兰	200		床单一条			
王淑珍	200		床单一条			
杨广德	200		床单一条			
曹月荣	200		床单一条	1		
合　计						

重阳节高龄老人补助金领取花名表

是针对村中老年人的一种福利。要求清洁人员每个单日清晨八点之前扫一小时，每日清理垃圾一次。目前村中共有25个清扫人员，并配备了两辆垃圾车。老年人利用闲暇时间维护村里的环境卫生，既锻炼了身体，又获得了相应的报酬，日工资13元，每月195元，每年2340元。

十一是从2006年开始，上庄村村委对跨入80周岁的老年人举行祝寿、

老年活动室内景

重阳节村中老年人在老年活动室开会场景

赠寿匾仪式，并进行实物慰问。除此之外，村集体还为80至89周岁的高龄老人每人每年发放200元生活补助金，90岁以上老人每人每年发放500元生活补助金。

第五，筹足资金，切实提高老年人的生活水平。

在党支部和村委的关心支持下，村两委筹足资金，切实提高老年人的生活文化水平，不断丰富老年活动室服务内容。老年活动室起初活动项目比较单一，自2009年以来，村两委投入专项资金完善老年活动室的职能，由原来单一打牌、下棋、玩麻将逐渐提升到读书、看报、观新闻、议事、谈心、讲座。同时实行了上午八点至下午六点全天开放的制度，并由专人管理。在老年活动室里，老年人不仅可以娱乐、看书、读报，而且相互谈心，为村集体的发展建言献策。老年人在长期的学习交流活动中，找到了自己的价值，焕发出生生不息、健康向上的良好精神风貌，为社区两个文明建设奠定了良好的精神基础。

确保尊老金足额发放，保障老有所养。过去的上庄村煤炭业发展较好，村集体经济相当雄厚，逢年过节就给村里发现金、米、面和蔬菜作为福利。如今煤炭关闭，村集体逐渐向发展旅游业方面转型，但因旅游资源刚开发，经济效益还不十分乐观。虽然集体经济很紧张，但村委仍坚持每年重阳节"敬老日"按时为老年人发放尊老金，村两委并没有因为集体经济的不景气而减少老年人的福利。

老年人补助款花名表

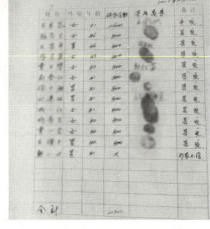

老年人补助款领取表

晋城市老龄委在2010年下发文件，规定尊老金应按如下标准执行：100周岁以上者市政府每年补贴3600元，90至99周岁者市政府每年补贴2400元，80至89周岁者县政府每年补贴800元，70至79周岁者乡政府每年补贴200元，60至69周岁者村里每年补贴100元。但是村两委可以根据本村的实际情况对文件设置的标准酌情修改。在具体执行过程中，上庄村村两委因地制宜制定了适合本村的尊老金标准：90周岁以上者每人每年1200元，每月100元；80至89周岁者每人每年900元，每月75元；70至79周岁者每人每年720元，每月60元；60至69周岁者每人每年540元，每月45元。此外，每年村集体会为全村所有老年人购买一份60元的医疗保险和一份"关爱银龄、助老御险"老年人意外伤害保险，这样不仅提高了老年人抵御风险的能力，而且保障了老年人的身心健康。

上庄村尊老金的发放时间一般为每年的重阳节，届时村两委会组织全体60岁及60岁以上的老人在日间照料中心或者老年活动室开会，在会场上按照名单依次发放养老金。一般情况下由老人自己领取并签字，行动不便的老人可由子女代领。

当我向村中老年人询问他们对养老金待遇是否满意时，不同情况的老人的回答各不相同。李奶奶说："我现在住在女儿家，由女儿照顾养老，对目前的待遇较为满意，若无大病大灾，基本可以满足我的日常生活需要。这些养老金主要用在吃喝和用药上。"王奶奶说："村集体每个月给我60元，再加上基础养老金90元，总共也就不到两百元，这点养老金根本不能满足我的日常生活所需，我就是个药罐子，这点钱全部都用来吃药也不够。"李粉莲奶奶还不足60岁，当问到她时，她微笑着说："我还没

老年活动室制度

有开始领养老金，但是我觉得，一般情况下如果没有重大疾病且自己种粮食有点收成，这些钱仅用于日常开支的话就够用，如果不种粮食或者吃药的话就不够用。以我家丈母娘为例，她老人家今年85岁高龄，身体比较健康，仅有点高血压，所以她除了购买降血压药等药物之外没有其他花销，所以养老金基本够用。"

村集体投资150万元在南山建成老年林创收基地。从2002年至今，荒山植树造林500亩，每年林果销售收入可达10万余元，林木收入不下百万元，不仅绿化了荒山，创造了优美的环境，也为发展老年事业创造了资金来源，尤其为老年人提供了发挥余热地方。

第六，发展老年文体教育事业，丰富老年人精神文化生活。

满足老年人日益增长的精神文化生活需要，提高老年人的健康水平，繁荣和发展老年先进文化，是老龄工作的重要内容。上庄村的老龄组织把老年文化、教育、体育事业纳入经济社会发展规划，整合现有资

农家书屋内景

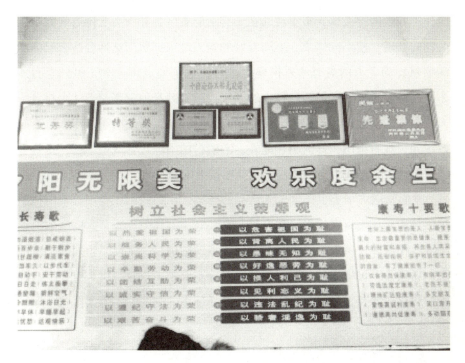

老年活动室荣誉墙

源，加大财政投入，支持建立适合老年人需要的老年文化体育组织，引导老年人开展丰富多彩、健康有益的文化体育活动和老年健身活动。

为使老年人老有所学，老有所为，村两委决定由村委老年协会牵头，在上庄村举办老年讲座学习班，并请专家、教授为老年人讲授保健、科学养生、科学养殖、政策法规等专业知识。同时，办好老年学校教育工作，定计划、抓落实，把老年教育与开展形式教育相结合。开展法制学习，把组织公民道德建设及城乡环境治理讲学相结合，并收到了明显的效果。此外，村委会二楼专门设有满足老年人精神文化需求的农家书屋，内有文学、少儿、科技、农业等方面的书，兼具公益性与惠民性，老人们在家门口就能看到想看的书。

增设老年活动娱乐器材，扩建老年娱乐场所，丰富老年活动娱乐健身内容。近年来，村集体组建了柔力球队、门球队、舞蹈队、秧歌队等，参加全镇老年风采展示，在各项活动中都取得了不错的成绩。前年春季，又组建了40人的腰鼓队，常年活动在天官王府景区，并大力支持有氧健身操活动的开展，使不同体质、不同爱好的老人能根据所需选择合适自己的活动项目，为老人的老有所乐搭建了平台。为了使老年人真正做到老有所乐，村两委对村中参加活动较少的老年人进行健身秧歌普及，让全村老年人跳起来，舞起来，乐起来，游起来。同时，老龄委还组织老年人进行旅游观光，观看祖国大好河山。此外，上庄村的门球比赛成绩不错，得到上级政府的表扬，并组建门球代表队参加省级比赛。

平时景区广场上也是老年人活动的场地，比如武术、耍剑等都由村里提供场地，村民自发组织。在农村，女性老年群体中比较普遍的娱乐活动是那些花钱少、不需要太多专门设施或场地的项目，主要是听广播、看电视、做家务、村里串门、路边闲转等，这主要是由于收音机、电视机在我国农村比较普及，且散步也较少受到外部环境的制约，不需太多花费即可进行。

李奶奶说："毕竟我们是农民，去地里劳动也是一种锻炼。想锻炼

老年人在练习书法

曹继信老人

了，去地里劳动劳动，不仅对身体好，还能种粮种菜养活自己。"韩大爷由于年纪比较大，且年轻时长期不在村中，所以一般情况下不参加村集体的老年活动。每天的活动就是吃完饭独自一个人坐在家门口晒太阳、听收音机和练太极拳。

王爷爷觉得当前村里的精神文化生活比较丰富，他对当前的生活状态也比较满意。他告诉我们："村里有个自学成才的书法家，他也是老龄委的成员之一，村里开了一个私人老年书法班，有时会组织村里爱好书法的老人进行练字或书法比赛。而且我们村里有县书法协会的成员，所以有时书法比较好的老人可以参加县里和镇里组织的书法比赛。此外，还有老人和学生的书法比赛。"根据王爷爷的线索，我们找到了这位传说中的书法家。

刚到下午四点多，太阳就已经收起它那淡淡的光，好像也怕冷似的，躲进了像棉胎一样厚的云层中。大家所说的书法家名叫曹继信。今年七十多岁的曹继信老人是一位地地道道的农民，源于对书法的爱好，多年来他坚持毛笔字的书写，书法水平日渐提升，成了当地小有名气的农民书法家，被市书法协会吸收为会员。为了把毛笔书法这一中国文化传承下去，近年来，曹继信老人不计名利，在自家小院里办起了免费书法培训班。老人的这一行为深深感动了范天明和孔令伟两位教授。范天明是中国人民解放军军事博物馆书画家，清华大学教授、战士书画院教授，国内著名书画家；孔令伟是北京丰台区政协委员，湖社画会艺术委员会委员，战士书画院教授，国内著名山水画家。

　　10月21日，在上庄村天官王府景区沿街院内，来了两位特殊的客人，他们不是来这里旅游观光、休闲度假的，而是专程来看望在这里坚守多年，传承中国书法文化的农民曹继信和他的学生们的。一走进这个保留着明清风貌的小院，著名书画家范天明和山水画家孔令伟就和农民书法家曹继信交流起有关书画传承教育方面的事宜，并为学习书法的孩子们分发了20套书法练习文具。范天明说："八月份的时候到山西来访古，久慕天官王府上庄村的名声，这个地方历史上出过很多名人，明清时代也有很多的文化积淀，文化的遗存都很丰厚。尤其是在沿街院里看到曹先生在教学生们学习书法，使我们感受到古代明清时期的书院式教育在这里得以传承。"孔令伟说："我们上次在这里观光时就看到了这个书院，进来的时候我们很惊讶，没想到这么一个地方还能有这样的一在做传承中国书法的工作。"紧接着，孔教授又说："这个地方对我们来说感觉很偏僻，但在这么偏僻的地方居然能遇到这么一位传承中国文化事业的老者，我们很激动。说句心里话，这些孩子们能有这样一块学习的阵地，能够有这样一位老先生在这儿坚守着把这项事业传承下来，我们觉得，这是中国文化事业的希望所在。"范老感慨道："现在我能够理解为什么明清时期上庄村会有那么厚重的文化积淀了，就是因为像曹先生这样对传统文化执着与坚守的人造就了上庄辉煌的昨天，因此我很受感动，这次来也是想到这儿来尽自己的一点心意，也希望上庄村能够把这种文化的传承工作一直进行下去，让我们的传统文化得以更加发扬光大。"

当下，各种名目的书画培训班鱼龙混杂，充斥在城市的各个角落，然而在上庄天官王府，仍然还有这样一块传承书法文化的净土，两位教授深受鼓舞。在了解了曹继信老人书法培训班的有关情况后，范天明教授欣然提笔，为培训班题写了"继贤书院"几个大字，寄语书院传承先贤的精神，把中国传统文化发扬光大。曹继信老人说："给我的书院起这个名字，对我是极大的鼓舞，以后我要尽自己最大的努力传承中国传统文化，绝不能辜负孔、范二位老师对我的鼓舞。"

4. 家庭之维

人的一生总要经历少年、青年、壮年和老年时期。"百善孝为先"，家家有老人，人人都会老。敬重老人，实际上就是敬重未来的自己，老年人的今天就是我们的明天。关心照顾好老年人的生活，不仅是公民道德规范的要求和我们应尽的责任，也是先辈们传承下来的宝贵精神财富。

尊老敬老养老这一优良传统不仅增强了上庄村村民的凝聚力，而且赋予了每一位上庄儿女亲和力。在这一优良传统的引导下，上庄村不断繁衍生息，历史文化源远流长。即便在今天，尊老敬老养老仍是上庄村道德建设不可或缺的重要组成部分，继承和弘扬这一优秀传统，对于全面提高村民的道德水平，推动代与代之间的和谐共处，营造老少共融、互敬互爱、秩序井然的良好村风，具有重要的作用。

单一的保障形式难以促进上庄村养老保障的发展，需要建立一个多层次的、完善的养老保障体系。也就是说，像上庄村这样的村庄，应该以家庭养老为基础，以集体养老为支持，以社会（政府）养老为主体，以商业养老为补充。

家庭养老作为一种文化体系，在我国经历了漫长的历史岁月，是伴随着古老的农业文明出现的，从农业经济开始至今，已有三四千年的历史，它滋生于错综复杂的社会环境之中，经历了漫长的历史变迁。截至目前，在中国大部分农村地区，老年人仍然以家庭养老为主。

1996年10月1日实施的《中华人民共和国老年人权益保障法》第十条明确规定：老年人养老主要靠家庭，家庭成员应当关心和照料老年人。家庭养老，就是家庭成员自觉认同对长辈的养老责任。这种责任，可以表现为经济支持、劳务支持，也可以表现为情感支持、心理支持，可以是共居养老，也可以是分居养老。总之，只要家庭成员对老年人负有事实上的责任，只要老年人依然将最重要的支持置于家庭成员身上，这就是家庭养老。

作为上庄儿女，都有尊重理解老人的责任。首先是对父母人格要尊重。人人都有人格和尊严，都有被尊重的需要，父母也不例外，他们也需要子女的尊重。人到老年会产生一种跟不上社会时代即将被淘汰的心理，老人希望得到他人的尊重和认可。子女应该意识到这一点，并适时地给予他们精神的尊重，敬重老人平时说的话，理解并尊重老人因不同生活环境和时代而形成的个性和人格，满足老人的心理需求。

其次是对老人基本权利的尊重。老人离开工作岗位后，家庭成为其生活的主要处所。但是，老人也有享受闲暇时光和进行社交、娱乐的权利，有不断学习、继续进步、发挥余热的权利，而不是成天围着锅台转，围着儿女和孙辈转。因此，子女应该保障老人的这些基本权利得以实现。

再次是自强自立，安慰父母的责任。《孝经·开宗明义》指出："扬名于后世，以显父母，孝之终也。"这是传统孝道对子女在家庭伦理范围内的最高道德要求。在现代社会，子女对父母的孝也应包含这方面的内容。努力学习，不断提高自己，积极上进，成就一番作为，为社会做出应有的贡献，这既是个人生活的需要，也是对父母尽责的表现。子女的成才是对父母最好的报答和孝顺方式，也是子女应承担的家庭道德责任。

在传统思想根深蒂固的上庄村，男女具体分工一般都遵循这样的惯例：男主外，女主内；男人外出打工，女人照顾老人孩子。今年83岁高龄的韩爷爷就是这种传统模式的代表。韩爷爷本名叫韩小四，老伴已去世多年，目前家中还有儿子、儿媳妇和孙女三人。其实韩大爷是土生土长的上庄人，年轻时外出工作，在阳城县嵩峪煤矿上班，后来儿子到成家年龄时，因为入职名额有限，韩大爷自己退休，腾出名额给儿子，让儿子去煤矿上班。目前每月领取包含养老金、取暖费和各种补贴在内的2100~2300元的退休金，由于他曾经是企业单位职工，属于非农户口，不在新农保的范围内，所以不享受村集体的补贴。目前他们全家共有两亩地，由儿媳妇负责耕种，地里的庄稼自己撒种，由集体负责施肥和浇水，最后自己收种。如果个人不想种地，也可以将耕地转借给他人耕种。一直以来，老人的儿子都远在晋城市阳城县的嵩峪煤矿上班，很少回家，平时在家主要靠儿媳妇照顾，由儿媳养老。每每谈及儿媳妇，韩大爷都会竖起大拇指，骄傲地对大家说："这就是我们韩家的儿媳妇，有这样的儿媳妇，我也不再奢求什么了。"

前往上庄村调研的第三天，我们有幸目睹了一场地道的中式婚礼，在婚礼开始之前，我与李粉莲奶奶聊得非常投机，后来索性去李奶奶家听她讲过去的事。刚进她家门，不经意间有一条壮硕的大黄狗迎上来，在我们面前摇头摆尾，并不断地发出亲切友好的轻吠声。在房前，李奶奶还搭了一个瓜架，或种南瓜，或种丝瓜，在瓜架的边缘还有葡萄藤在攀缘。当问到新农保的缴费情况时，老人说："我已经连续缴费五年了，每年我和老伴每人交300元。一般是每年的四五月份大队规定一个统一的时间，一家出一个代表，我家是老伴拿着钱去村委会找专管老年人新农保的王长青，把钱交给他后，他会开个收据给我们。第一年，即2009年没有给收据，2010年至2012年都有收据，2013和2014年写到新农合的本本上。"按照李奶奶的话，我们顺藤摸瓜找到了王长青。他向我们介绍了新农保缴费的基本情况："一般情况下，由本人交现金并现场签字。只要是同村的村民我都认识，所以也可以由子女代缴。我们村缴费的标准100、300、500、1000等，参差不齐，但大多数人都交300元，交100的也有，但比较少。老人们新农保的缴费交到村里，由我汇总之后打到县里。以前是我将收集起

新农保缴费收据

新农保缴费现场

商业保险合同

来的养老金拿到镇上打到县里的卡上，现在则由POS机直接转过去。电子转账真的省了很多手续，为我们办理村级事务提供了便利。"

　　尽管上庄村的新农保已经基本上达到了全覆盖，但是大家对于缴费的态度却是因人而异。不满六十岁的李奶奶抱怨："我成天生病，很有可能都活不到领取养老金的年龄。而且近几年仅给我和老伴看病，就基本上花光了家里所有的积蓄，哪里还有闲钱去交养老金？说实话，我是真心不想交，也觉得自己没有能力交这个钱。如果真要交养老金，我能不能少交点呢？"

　　天官王府景区年轻的检票员们也你一言我一语地评价着新农保的实施效果："我觉得这个政策挺好的，最起码我爹妈有了基本的养老保障。""既然多缴多得，少缴少得，我建议提高一下养老金的缴费标准，毕竟我们的钱保不准到老了的时候已经花得差不多了。""听说现在的老年人花的是我们交的钱，我觉得交不交都无所谓，关键是看政府的态度，他让我交我就交。""除了购买社会养老保险之外，我还为自己和老伴买了两份商业保险，以保障我们老年的生活。我是个农民，什么都不懂，那会儿康宁（人寿）保险公司推销保险的人口才比较好，一直给我讲这种保险的好处，经不住他的劝说，我就随村里的好多人都买了这份保险。这个保险交1000保1万，2003年6月份开始交，此后每年都交100元，一直交到现在。2003年至2014年间每年都有发票，今年还没有给发票。"

　　一般来说，农村老年人的经济来源主要包括：子女或亲属的供养费用、参加农村社会养老保险所领取的费用、退休养老金、商业养老保险和其他养老基金、从事农业生产所得收入或土地承包金收入。与城市老人不同，上庄村的老年人大都没有工作，没有或者只有很少的养老储蓄，社会养老保险金又低，这使得相当多的老人不得不一直在土地上辛苦劳作，尽可能延长生命周期中的劳动时间，以减少经济生活的压力、保障的风险和不确定性。只要身体状况还可以，他们就继续劳作，绝不放弃干农活等农作劳动。同时，在大规模农村中青年人口流向城市的大背景下，老年人需要承担更多的农业生产劳动。因此，只要身体允许，大部分农村老年人也都会或多或少地通过从事各种生产劳动来增加家庭收入。农村三无老人还可以得到五保供养费，特困老人还可以得到最低生活保障援助等。这些经济保障在家庭养老出现危机的情况下，可以给老人最起码的物质安慰。

5.　社会之维

　　尊重老年人就是尊重历史，老年人是社会宝贵的财富。老年人不仅是消费人口，也是生产人口，是劳动力资源。学者、老专家、老艺人、老技工、老匠人，他们的智慧和技能是几十年积累的结果，因为有经验、有知识、有能量，其潜在价值一旦被挖掘出来，就会为社会创造更多的物质和精神财富。这样的事在上庄村数不胜数。老年人的知识与技术对社会经济发展的作用极为重要。城市的一些单位,宁肯花重金也要聘用老工程师、老技工、老专家,就是这种价值的充分体现。上庄村的很多老年人不仅在创造物质财富上显示了价值,在创造精神财富上也做出了重要贡献。特别是甘愿做"园丁"、"春蚕"、"红烛",那种甘于奉献的精神,为上庄村留下了宝贵的精神财富。

"霞披夕阳情无限,霜染秋枫叶正红。"过去,老年人在岗位上以满腔热血为上庄村的发展奉献了自己的青春和力量,为上庄村的经济社会发展付出了辛勤的汗水,建立了光辉的业绩,今天,虽然他们离开了工作岗位,但仍然"老骥伏枥,志在千里",仍然关注着上庄村事业的发展,用长期积累起来的丰富知识和宝贵经验,通过各种方式继续为上庄村的父老乡亲服务,为建设精品旅游景区天官王府的发展服务,为上庄村未来的和谐发展和旅游的腾飞谱写新篇章。特别是在家庭幸福和教育子女方面,老年人发挥着非常重要的作用。当年,他们用心血和智慧浇铸了上庄村,为上庄村铺就了今日继续前进的道路;现在,他们继续保持健康向上的心态、乐观积极的精神,对上庄村的各项事业的发展十分关注,对村两委的工作十分支持,从不提过分要求,尽量不添麻烦,表现出极高的大局意识和老一辈的优秀品格。

1984年8月,上庄村年过六旬的刘俊从县农业局所属的种子站离休回乡(芹池乡刘西村)。1985年9月下旬,他参加了"阳城县关心下一代协会"成立大会后,即与同乡的离休干部成立了"阳城县关心下一代协会芹池分会"。他看到刘西小学的办学条件差,就向有关领导建议,使问题初步得到解决。一年来,他走了全乡27个村庄、24个学校,采访了三十多人,编写了宣讲材料34篇,写诗歌、谜语、歇后语等90多篇,宣讲73次,受教育人数达3万人次。他还创办了家庭图书馆,设立了十多种栏目,特地为青少年购回了农业技术书籍380余册,服务范围涉及十多个村。他成为全省退休老干部的先进典型。

老人是村里环卫工作的主力军,这两年,全村的环卫工作成绩傲人，得到了各级领导的好评，这与老人们默默地奉献分不开。村委制定《老年人岗位责任制》，历年来坚持给老年人创造适当岗位，只要60岁以上的老年人身体健康，有劳动能力的，便安排参加环卫队，成立专业的环卫队伍，实现了生活垃圾不落地、大街小巷隔日扫、日产垃圾日日清的环卫工作机制。凡村内公共场所管理、护卫用人优先考虑老年人，为老年人创造了奉献余热、增加收入的平台。村里规定，60岁以上的老人分单双日打扫卫生，每隔一天打扫一次。以前村集体给环卫队老人每月发180元作为劳动报酬，自从村里景点承包给康辉旅行社之后就由康辉旅行社发工资。以2015年1月1日为界，之前由村集体发工资，每天发11或12元，隔一天扫一次；之后由康辉旅行社发工资，每月发300，每天早上扫一次。

村集体投资150万元在南山建设了老年林创收基地。从2002年至今，荒山植树造林500亩，每年林果销售收入可达10万余元，林木收入不下百万元，不仅绿化了荒山，创造了优美的环境，也为发展老年事业创造了资金来源，尤其为老年人提供了发挥余热的用武之地。

还有的老人利用自己的亲身经历，教育关心青少年一代健康成长；有的老人全力支持两委干部、工作人员的工作，为上庄村事业的持续发展出谋划策。俗话说"家有一老，犹有一宝"，老年人承担起那些看似并不松的看门、看孩子、做饭的家务劳动，使得年轻人可以在外安心地工作、创业。

重阳节开会期间，上庄村村两委对全村老年人提出了以下希望：一是希望全体老年人继续积极参加上庄村的各项活动，继续发挥自身余热，为村子的蓬勃发展献计献策，为上庄村的美好明天多做贡献。二是恳切希望大家关心和教育下一代的健康成长，对青年一代加强教育，帮助他们成长为上庄村未来发展的栋梁。三是希望老人们心系上庄，关心天官王府景区发展，对村两委的工作提出合理的意见和建议，继续立足岗位，带头做好全村的环卫工作，为上庄村村民和游客创造干净卫生的环境。

上庄村老年人大多有思想、有事业、有理想、有追求，热爱生活，热爱人生，广开乐源，善解忧愁。无论是在岗位上还是离开工作岗位之后，仍老有所为，为社会发挥着余热，奋发进取，体现了一种积极向上的生活态度。他们乐意为社会做些有益的事情，生活过得充实且有幸福感，以新的姿态去迎接着人生的第二个春天。

四、美丽乡村与转型实践

　　在山西省晋城市阳城县东北的可乐山下，有一个风景优美秀丽的村庄，那里群山环绕、绿水穿行，东山坡上成片的白松宛如玉质龙鳞，将一百多年古刹掩映其中。河两岸紫砂砌成的堤坝、明清两代留存的青砖瓦舍，都颇有几分江南水乡的风味，更有数座石楼堡拔地而起，为山村增添了几多风韵，整个村庄以一座大跨度的拱券门楼为障，虎踞龙盘，气势非凡，明代著名政治家、财政家、文学家王国光的故居——天官王府上庄村就坐落在此。

　　上庄村地处太岳山南麓、沁河东岸，北靠湘峪三都古城，南接海会寺，西临砥洎城，东倚皇城相府。这个景色宜人、古建云集的文化之乡，距今已经有400多年的历史了。穿越上庄村，就像穿越了一部从元代、明代、清代到民国时期中国北方乡村演变过程的历史画卷，画卷上主要点缀着永宁闸、古河街、天官王府、炉峰院、厅房院、司徒第、进士第、望月楼、参政府、樊家庄园等建筑。虽然历经400多年的历史沧桑，一些院落

上庄村一角

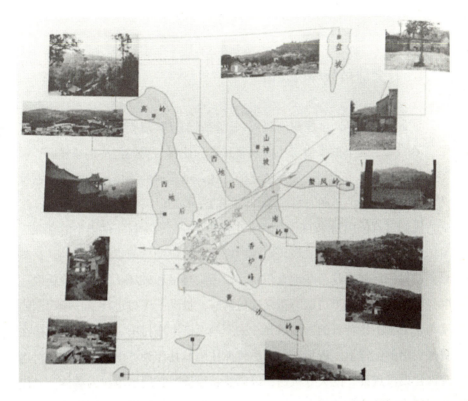

上庄村周边山体示意图

在风霜战乱中也已经破损，但它们当年的风采并没有因此而褪色。整个村庄群山环绕、溪水穿流、林木茂盛、风景优美，置身其中颇有心旷神怡、神清气爽之感。看到这里，人们不禁要问：在这样一个有着百年历史的古村落是如何进行生态环境的治理与保护的呢？

就自然因素而言，上庄村的东、南、北三面都是小山岭，整个村庄就坐落于三岭的狭长沟谷之中，空气湿度较大，不易起尘，而且三岭绿化成荫，提供了良好的环境，使得整个村庄空气清新；另外，村庄的位置和走向，便于街道的排水，使其在获得充足光照的同时也形成了天然的屏障，阻止了冬季北方寒流的侵袭。

正是这种别具一格的地理优势，为上庄村优美的生态环境奠定了良好的基础，但是维系这份美好的是全体村民集体行动起来对整个村庄环境的治理与保护。

1. 社会动员与环境整治

前面已经讲到，上庄村因煤而兴，村民们靠大规模挖掘埋藏在祖祖辈辈生活的黄土之下的煤炭资源而发家致富，使得村里的经济迅速发展，以至于在1985年那个物资还相对匮乏的时代，上庄村的集体经济收入就已经达到了218.66万元之多。然而这种经济的发展是以牺牲环境为代价的，过去村民们过着依山傍水的幸福生活，开采煤矿之后，村子的上空时常飘荡着浓烟，道路上随处可见斑斑点点的煤渣，村口的庄河也日益浑浊，这一景象使村民们越来越清醒地意识到，以污染环境和破坏生态为代价换取一时经济繁荣的做法不可取。正是这份清醒，推动上庄村进行了一场深刻的变革，为了不让昔日的秀丽风光一去不复返，上庄村决定把环境建设摆在更加突出的位置上。近年来，上庄村抓住阳城县作为"山西省美丽乡村连片区建设试点县"的大好机遇，以创建省级美丽宜居示范村为载体，以优化村民人居环境为目标，大力发展文化旅游产业，加强基础设施建设，全面改善村容村貌。如今，上庄村已经从一个名不见经传的小山村一举成为享誉四方的国家AAAA级旅游景区，被国家住房和城乡建设部、文化部、文物局等部委命名"中国历史文化名村"和"中国传统村落"，并于2014年被中央精神文明建设指导委员会授予第四批"全国文明村"光荣称号。

从2003年上庄村注册天官王府景区，准备发展旅游业开始，村干部逐渐认识到改善村庄环境的重要性，呼吁村民垃圾不乱堆乱放，自觉保持环境卫生，但是村民多年来垃圾随手扔荒坡的习惯难以改变，效果自然不尽如人意。有经验的村干部意识到，仅仅靠口头上的呼吁是远远不够的，必须以书面的形式告知村民，形成制度，以便村民遵守。

为此，村委首先进行了一系列关于美丽乡村建设的整体规划，主要包括环境整治、生态绿化、基础设施三个方面。具体而言，环境整治方面主要是砌筑各类挡墙和女儿墙、进行永宁闸河道清淤、拆除违建和清

理"三堆"、"六乱"、垃圾清运以及环境保洁；生态绿化方面主要
是进行乡村旅游公路树株补植、梅园景观栽植及向阳山、贷窑沟、迎驾
堆、马嘴山景观林栽植，古树名木保护投资，村内其他绿化树株栽植以
及绿化管护；基础设施建设主要包括水冲厕所改造、中街及各主要巷道
铺装和景观改造、村民供水管网改造，村内电力、通讯管线入地改造，
排污管网建设，住宅新区局部道路综合整治硬化方面。事实上，上庄村
后来的远景规划、环境整治实施方案和历年工作计划正是围绕这些整体
规划具体展开的。在远景规划中，主要强调对小区后山进行园林景观治
理；坚持取消"三堆"政策；加强推进环卫工作管理和公厕化改造进
程；组建一支绿化管理队伍对村内绿化进行专业管理等。其中，组建一
支绿化管理队伍对村内绿化进行专业管理是环境整治工作的重点。可
见，远景规划的主要任务是改变过去不合理的生活生产乱堆放现象，进
行村内的绿化建设并组建绿化队伍进行专业管护，加强基础设施建设。

2006年，上庄村正式制订了《上庄村彻底整治村容村貌实施方案》，决
定以整治"脏、乱、差"、清除垃圾和整街治巷为重点，成立领导小组，由
村内主职干部亲自负责，村民组和环卫队负责具体实施，全面展开环境整治
工作。主要任务是对大街小巷乱堆乱放进行整治，做到不留死角，统一规划
回收房前屋后宅基地堆放的垃圾；彻底清除大街小巷张贴的各类广告；逐步
实现公厕化，改变村内一户一厕影响空气状况的现象；彻底实现"三圈"出
村，禁止村内养狗养猪；维修田间道路、山头道路上的水沟及出水处。

根据环境整治的主要任务，具体分三阶段进行：

第一阶段（4月20日至4月30日）为宣传发动和整治村周边垃圾堆阶
段。召集党员、村民代表会进行宣传发动，使广大村民充分认识到环境整
治的重要性，然后针对村内环境卫生现状，制定一系列相应的规章制度，
并使之家喻户晓，人人遵守。具体工作以村民组为单位进行，第一村民组
主要负责清理上庄联办矿涵洞周边的树枝、杂物；清除三王沟、火星庙及
河道的堵塞杂物并将土堆去掉；清除栗家沟沟口处的灰堆及杂物。第二村
民组主要负责平整时家洼路面，掩埋处理垃圾点的垃圾；清除石岸沟上入

涵洞处杂物，保持水路畅通。第三村民组主要负责掩埋整治大闸南门球场边垃圾点的杂物；清除龙章沟出水处的琳琅及杂物。另外，环卫队主要负责清扫各人所负卫生区域，坚持单日认真打扫清除；清除垃圾人员每天早上八点之前必须将垃圾清除完毕，垃圾不得乱倒，必须倒在铁厂沟后，如果发现有乱倒垃圾现象，每车罚款10元。

第二阶段（5月1日至5月20日）为整治田间道路和对养猪、养狗户的清除及村内乱堆乱放清理阶段。对田间道路的整治，仍然由三个村民组具体实施，主要是对各山头田间道路送水沟进行清淤去草，保证水路畅通。敦促所有养狗养猪户在5月15日前自行处理自己的猪、狗，实现"三圈"出村，今后村内若发现还有养狗养猪户，集体将停止对该户发放福利待遇。

第三阶段（5月21日到年底）为改良公厕，统一回收宅基地阶段。此项环境整治工作是一项艰巨的任务，需要有长期的规划，有条不紊地进行。改良旧式旱厕，实行公厕化，改变房前屋后乱七八糟的状况，进行统一规划，改变村容村貌，为旅游开发奠定良好的环境基础。

这套环境整治实施方案较为全面地涵盖了上庄村环境卫生的方方面面，并且集中了全村的力量，号召全民参与，集中建设美丽宜居乡村，为今后的环境治理工作打下了坚实的基础。

环境治理不可能一蹴而就，需要村民们长期自觉地配合和坚持。为了规范人们的行为，上庄村于2007年前后分别制订了两套环境整治实施方案，以强化2006年的集体协作，共同改善环境。前半年的环境整治实施方案主要目标是使环境卫生达到"街道整洁化、卫生清洁化、厕所公厕化、墙体洁白化、河道通畅化、片状景观林规模化"的六化标准。以治理大街小巷乱推乱放、乱修乱建，清除猪圈和狗，实施公厕化、美化环境为主要内容，具体任务是对村内大街小巷的"三堆"（煤堆、土堆、石头堆）及草生杂物进行彻底根除，保持街面整洁；彻底清除"三圈"，保持村内空气新颖；整治乱修乱建现象，对主街、公路两旁违章建筑进行摸底登记，直至拆除；坚持环卫制度，逐步达到大街小巷无垃圾；拆除旧茅厕，统一建公厕，并对公厕定期消毒和粉刷；继续完善绿化工作，在村内建片状景观林，增添村庄新气象。

具体实施步骤仍然分两个阶段进行，第一阶段（1月1号至2月10日）仍然是宣传发动（元月1号至5号），召开全体党员、村民代表大会做动员，统一部署实施方案，同时实地前往典型单位参观调研，在村民中做好宣传工作，然后进行集中整治（1月5日至2月10日）。第一阶段由三个村民组具体配合执行，主要负责清除"三圈"，对本组内"三圈"及养狗户摸底登记，并配合"三圈"彻底出村，对养狗户做好工作，消除后不许再养狗，治理乱修乱建，对街面上部分影响村容建设的建筑物做好工作，并配合进行拆除；在人口居住集中的地方设计规划公厕；进行片状景观林建设。第二阶段（3月1号至5月1号）主要任务是新建垃圾池、公厕，进行公路沿线及村中片状林的刷白工作；根据村内居住状况对公厕进行改造；在植树节期间，对片状林进行栽植，年成活率要达到95%以上。

2007年11月的环境整治方案重点在于继续巩固和加强环卫建设力度，同时使公厕趋向全面化，加速发展景观林建设。主要任务是以三个村民组分区分段具体整治本村民组内还未彻底清除的"三堆"现象，做到不留死角；组织环卫队整治村内大街小巷、村边、村角的垃圾，规划出小区的临时垃圾点；在春季栽植景区林的基础上加紧完善，对死树进行补植；对四旁树株及林地树株等进行刷白；加快村内公厕建设，在新建小区内完善两处公厕。

这两年的环境整治实施方案都是把具体责任落实到人，要求职能人员各负其责，认真实施，切实使当年的环境整治工作做出成果，保证实效，努力形成长效机制，从而确立可行的环卫制度，为日后形成"人人督促，个个执行"的良好局面奠定了基础。

2006年的环境整治方案重在垃圾清扫、"三圈"管理、树木管护和农机具停放方面，比较全面地说明了需要整治的内容及奖惩措施，但整治方案内容比较零散且不具体。相比之下，2008年出台的新的整治方案更具体，操作性更强，如规定今后每年进行两次环境整治大检查，第一次为每年6月31日前，第二次为每年12月31日。环境整治检查所涉及的项目包括大街、主巷及房前屋后的煤堆、土堆、石头、砖及半头砖、预制砖、煤球、灰堆、粪堆、木头、狗、猪等。环境整治检查以三个村民组包组干部为主，通过检查乱堆乱放等现象督促村民迅速整理清扫，清扫完毕后由包组干部签字，再由分管领导签字之后财务处方可为村民发放煤球证。同时，村委还规定了具体的奖惩办法：本次环境整治时间定在2008年6月20日至31日，在7月1日之前，检查合格的农户发放煤球证，不合格者继续整理清扫，如果拒不配合，那么每迟清除一天，三口以上的农户每天扣除煤球7块，二口以下的农户每天扣除煤球6块，直至清理合格为止，其所扣除的煤球数由集体与煤矿结账，集体把扣除煤球省下的款项作为专项资金奖励给对环境工作做出突出贡献的村民。

这套环境整治方案没有之前的方案全面，但是突出了当年的环境整治重点——彻底清除乱堆现象，并且具体说明了整治大检查的时间、检查内容、检查办法及奖惩措施，能够从根本上解决村中的乱堆放现象。接下来的一年，上庄村坚持"标本兼治，上档次，协调发展"的原则，继续进行环境整治工作，这套环境整治方案仍然强调组织领导的重要性，首次成立了村庄综合整治工作领导组，组长为党支部书记李兵生，副组长由当年的村委主任王培忠担任，主要成员有党支部副书记赵直余、党支部委员徐直庆、村委副主任王长青以及村委委员王广祥、王晋强、王明虎。领导小组的主要工作任务是：召开会议制定环境整治措施，张贴标语，做到家喻户晓；保证村里道路上无障碍，无乱堆乱放、乱垫乱占现象；督促村民把煤堆一律堆放在自家院内，"三圈"一律出村；把村内所有旧房进行涂白；全面展开绿化建设，村口加快绿色树株的补植补种；保证村内所有厕所进行彻底消毒。

这套方案的特别之处在于首次建立由环境综合整治领导小组在全村宣传发动的机制，采取动态宣传与静态宣传相结合的方式，唤醒群众参与意识，为全村群众参与"美丽乡村"建设营造了强烈的感官冲击。一方面，环境综合整治领导小组充分利用公告栏、板报、横幅、标语等多种宣传形式，采用静态的文字、图片等方式，及时把环境整治工作的具体思路、理念等传播出去，起到了"随风潜入夜，润物细无声"的良好宣传效果；另一方面，领导小组亲力亲为，入户指导检查，示范教育，起到了良好的动态宣传效果。这种动静结合的宣传方式给群众传达了参与环境整治工作的信息，为进一步激发群众的参与热情奠定了意识前提，使得这项涉及千家万户的工作家喻户晓，让群众积极主动行动起来，投身到"美丽乡村"的建设中去。

另外，在上庄村的历年工作计划中，都把环境整治工作列为重要工作内容。在2008年的工作计划中，突出强调了加强村容村貌环境整治工作，村内环卫工作从点滴进行规范；力求小区管理尽快成立物业管理区委会；村内综合整治以改良公厕为主，另外，要坚决打除"三圈"，开展狗专项整治工作，改变过去狗在村内横行的局面，真正实现村容整洁，空气宜人。经过一年的环境整治工作，村里的整体环境已经有了明显的改善，一片天蓝地绿、人和气祥的景象，晋城市人民政府授予了上庄村"和谐村"的称号。

2008年上庄村被授予"和谐村"荣誉称号

2009年的工作计划主要是实现远景规划中提到的对小区北山进行园林景观治理。

2010年工作计划主要是进行日常环卫。规定环卫街清扫仍为两日一次，工资不变；对东山路段、联办煤矿路段取消用工，根据实际情况再进行分配；环卫人员例会由每月两次改为每月一次；垃圾清除人员管理定为今后每天由一人清除，并且强调必须是每天清除，每天定额为30元，实行月结，专人记车，如果发现有不清除现象，一天扣50元，多天不清除或屡教不改者换人。这一年的环卫工作计划较为详细，对环卫具体工作任务、工资标准、惩治措施都有具体的规定，说明村委对环境整治工作已经驾轻就熟，有了较为完善的制度保障，因此也取得了较大的成绩，山西省精神文明建设指导委员会授予了上庄村"文明和谐村"称号，阳城县创建全国卫生县指挥部授予上庄村"城乡清洁工程先进集体"称号。

2011年的工作计划是继续完善好小区阳山公园的后期建设，主要是道路和景亭建设；加大对村内环境整治工作建设，主要是实施公厕化改造，

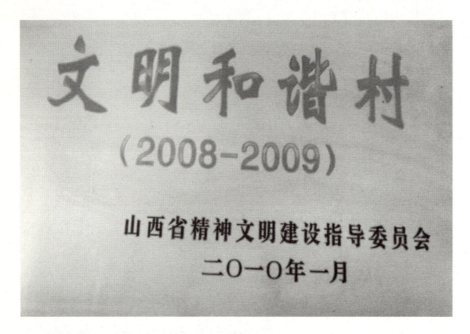

2010年上庄村被授予"文明和谐村"荣誉称号

授予：上庄村

城乡清洁工程先进集体

阳城县创建全国卫生县指挥部
二〇一〇年四月

2010年上庄村被授予"城乡清洁工程先进集体"荣誉称号

在适宜的场所建1~2个高标准公厕。考虑到前两年更为重视生态环境建设，对公厕的改造速度有所放慢，这一年又把公厕改造列为本年度工作的重点。

从以上工作计划可以看出，上庄村每年的工作计划都是围绕美丽乡村建设的整体规划和远景规划展开的，但每年工作的侧重点又有所不同，2008年主要开展环境整治工作；2009年进行园林景观治理；2010年环境整治工作侧重于日常环卫；2011年是进行基础设施建设。

经过几年环境整治，上庄村的整体生态环境较之前已经有了明显的改善。2012年，为了以崭新的面貌迎接党的十八大以及隆重纪念王国光诞辰500周年，推动旅游景区发展，喜迎八方来客，上庄村以营造良好环境，创造整洁、干净、有序、法治的新上庄为目标，坚持"干部、群众全面参与，突出重点，落实责任"的原则，集中整治了一批大街小巷，并对房前屋后的脏、乱、差现象做到彻底清除，以打造一个环境整洁、安全文明、秩序井然的新上庄，最终达到改善村民的生存环境和生活质量，把新农村建设推向高潮的目的，为此这一年前后制定了两套环境整治实施方案。前半年首先成立了环境整治领导组，徐前进担任组长，副组长是赵直余，主要成员有王长青、王明虎、王晋强、王虎斌、程国良、曹迷失、曹继信。这次的环境整治工作按润城镇部署要求，从2012年2月20日开始，至5月底结束，大致分为两个阶段：第一阶段在3月2日之前，为宣传发动阶段，利用通知、广播、会议等形式，做到家喻户晓，人人皆知；第二阶段从3月2日至5月底，为集中整治阶段。

环境整治任务主要有村西门楼至东山及联办矿公路两边的垃圾清理，村内大街小巷清理，房前屋后杂物清理，乱堆、乱放、乱倒清除，墙面乱写、乱画广告的清除；绿化补植、补栽，白色污染清除，村周边山头绿化点缀；古河道治理，中街祠堂处地面周边整治。

具体整治任务大致分为四大点：第一，要求全体村民都参与，共同整治，各家各户要对房前屋后所有杂物在3月15日前彻底清除，不留死角，由各村民组长负责督促检查。第二，按村民组分上、中、下三组，包队干部同村民组长对各组区辖范围内大街小巷乱堆乱放之物、墙头广告进行彻底清除，坚持一刀切，不留死角，不留隐患，清除工作在4月10日前完成。第三，环卫队组成人员在认真完成好本职工作的基础上，配合做好公路两边杂草的绿化补植工作，具体工作由环卫队队长曹继信组织分配实施；村周边山头的绿化补植以奇树异卉为主，由林业主管组织林业专业队具体实施。第四，对村内河道及牌楼周边的整治是一项艰巨的任务，需要动用大量的财力、物力，从配合环境整治总体工作需要角度考虑，要求最迟在5月底完成，由村内闲散人员抓紧时间分配实施，进行认真规划，使适合整治和发展的具体要求。河道的改善由专业施工队进行施工、拆旧、铺路，具体工作按2011年下河铺设标准进行。

这套环境整治方案延续了前几年的设计，仍然增加了领导组成员，把责任具体到人，治理范围更清晰，治理内容也更明确，主要任务是进行绿化补植、古河道治理和对大街小巷脏乱差的清理工作，并且有层次、分阶段、按步骤进行。在此之后，为使全民积极行动起来，从我做起，做到垃圾不落地，坚持日日清，创建清洁优美的生活环境新氛围，又制订了下半年的环境整治方案，领导组组长为徐前进，赵直余担任副组长，主要成员有王长青、徐直庆、王广祥、王明虎、王晋强、延进梅、王虎兵、陈国良、曹迷失、曹继信。要求把村内的道路街巷重新进行划分，继续实行分片管理，责任到人，单日早上6点至8点是环卫人员清扫垃圾的时间段，负责将管辖范围清扫干净，并将清扫的垃圾和零星堆放的杂物倒入清运车中，确保所管区域清洁；按村内地理位置划分两个清运垃圾责任区，每天早上6点至8点清运车在管辖区域内最少巡回两次以便清理垃圾，车上配置喇叭，以提示村民倒垃圾，村民所倒垃圾由清运人员负责倒入车内，并负责清扫倒垃圾时掉在地上的垃圾屑，之后将垃圾运送到垃圾场，不许随便乱倒；集体按户给村民发放垃圾桶，用于倒垃圾使用，村民每天早上6点至8点听到清运垃圾车信号时，自觉将垃圾提到车辆经过的路边，倒清运车上，如因事不能等垃圾车倒，可委托他人代倒并收桶或等到第二天早上再倒；将垃圾场定在原铁厂沟后，由专人对垃圾场进行管理，具体负责通往垃圾场道路的整修、垃圾场所倒垃圾的清除、场地平整、民用建筑垃圾的登记、统一治理清运垃圾登记上报等工作；集体建筑垃圾由施工单位负责清理，其他垃圾如园地秸秆、秧藤等，按划分区域由清运人负责清理；村民建筑垃圾和生活垃圾之外的其他垃圾如粮食秸秆、玉米棒、豆蔓、秧藤等由村民自己负责运至铁厂垃圾点，不许乱倒；村民不许在景区内晾晒、收打粮食，做到收玉米在地去皮，花生在地去秧，葵花在地打籽，不许带皮回村。

具体措施是按户发放告知书，实施两委干部包组，村民组长协同督促，党员负责区具体落实，环卫人员共同配合的管理机制，从思想着手，工作上落实；夏秋收获季节，集体按组在麦场安装机器，为村民收打晾晒提供服务；从2012年秋后开始，不许任何人在村内空闲地和绿化区域内种植蔬菜和作物，否则村委将现场铲除，并相应处以罚款；设环卫队长一名，具体负责领导、检查、监督、清扫清运工作；每月1号召开环卫工作专题会议，定期或不定期采取不同方式对环卫工作进行检查、评比，奖惩分明，违反规定的要上报村委给予处罚。环卫人员的工资待遇为每人每月单日按早上6点至8点共15天计勤，完成工作实得工资包括清扫工具的费用在内共180元；清运人员车辆每月按30天计算，每天早上6点至8点工作，全额完成任务实得工资包括车辆的一切费用在内共1000元。

这套环境治理方案主要规范了环卫人员的垃圾清运时间、范围及工资待遇，并对村民的日常垃圾点进行了安排。上半年的实施方案侧重于解决村集体的环境治理问题，下半年的实施方案主要处理村民自己的日常生活垃圾问题，要求全体村民都行动起来，为美丽乡村的建设奠定制度基础。经过努力，上庄村的环境整治工作取得了显著的成效，被山西省精神文明建设指导委员会评为"文明和谐村"。

环境整治工作是一项长期且持久的任务，上庄村在近十余年来一直致力于此项工作，并且取得了显著的成效，实现了"三圈"（猪圈、鸡圈、牛羊圈）出村，环境卫生井然有序，但是仍然没有彻底清除"三堆"（指煤堆、土堆、垃圾堆）等问题，村内公厕也急需尽快改造。为了取消"三

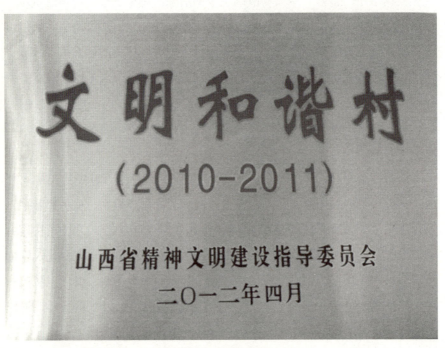

2012年上庄村被授予"文明和谐村"荣誉称号

堆""七乱"（指乱堆、乱放、乱搭、乱建、乱贴、乱画、乱种），真正打造绿色、环保、宜居的村庄，打造美丽乡村，上庄村于2013年5月11日召开了两委专题会议，研究出台了本村有史以来最大尺度的环境整治方案，领导小组组长为徐前进，副组长由赵直余担任，主要成员有王明虎、王广祥、王长青、徐直庆、延进梅。领导组的职责也有具体分工，徐前进负责全面工作；赵直余、王明虎具体负责各项事务；王长青负责宣传工作；王广祥、徐直庆、延进梅主要进行协调配合。

环境整治的工作具体包括：坚决做到垃圾不落地，继续严格执行2012年8月制定的环境卫生制度，要求村民每天早上自觉将本户产生的垃圾倒入清运车内运走，若当日没赶上倒运，可次日再倒，村内将不再设垃圾点，村民们可以互相监督，违者罚款，举报者重奖；村内景观花池内不许种植任何作物，根据村委2012年制定的相关规章制度严格执行，对于屡教不改、我行我素的农户村委将实地铲除；大力度清除"三堆""七乱"等环境问题，对于此项工作，村委将从主街、小巷抓起，该拆的拆，该拉的拉，该收的收，该用的用，绝不留死角；关于大、小车辆停放问题，村内主街主巷严禁停放一切车辆，村委设有停车点，小车要停放在景区停车场内，其他农用车、三轮车、手扶车要停放到小窑沟煤场；设置女儿墙，对村内不规则地段修建挡墙：大门楼内北边加高长约100米的挡墙，刘连助厕所处约30米马兴良新旧房之间修建约50米的挡墙，李接锁房前修建约30米的挡墙，中街的卫留镇、曹小虎、徐连胜房前修建约150米的挡墙。

此次环境整治首先由村民各户在房前屋后先行清除，时间大约为3至5天，然后由村委的一至两个整治小组进行清理检查，由两委人员亲自到现场参与，督促整治，对拒不配合、顽固不化的村民，由警务人员协助解决。实行奖惩制度，屡教不改、拒不执行者将停发一切福利。

这套整治方案除了原有的绿化管护、垃圾不落地、清除"三堆""七乱"、车辆停放等规定之外，还着手设置女儿墙，可以说是整改一批，新建一批，同时加大惩戒力度，保证了整治的效率，提高了村民参与的积极性。通过这一年全村上下的共同努力，上庄村被古村落保护与发展专业委

山西省阳城县润城镇上庄村

中国景观村落

崔哲文题

中国人类学民族学研究会
古村落保护与发展专业委员会
2013年12月

2013年上庄村被授予"中国景观村落"荣誉称号

员会评为"中国景观村落"。

除了制订和实施环境整治方案，上庄村还根据镇政府生态园林城镇建设、发展的总体规划、定位，结合社会主义新农村建设及"天官王府"景区建设要求，并根据本村地理条件和适地适树的原则，绿化美化村容村貌，制订了绿化规划设计方案。

在制订绿化规划设计方案保证村庄整体绿化建设的同时，为切实抓好住宅小区环卫及绿化管理工作，上庄村还采用了将小区卫生绿化管理责任具体到个人、分区承包的办法，主要由村民樊满祥负责，管理范围包括小区照壁及照壁往西区域、照壁至停车房（包括停车房）、一二号楼前后、一号楼前篮球场及球场周边景观绿化区域、居民楼西侧及二号楼后景观绿化区域、锅炉房西面小坡至培林房齐前、锅炉房至圪洞口区域内全部的卫生及绿化带、景观林及篮球场边健身器材维护、公厕卫生的管理。时间从2010年4月1日起至2013年3月31日止。管理费用由村委每年支付2400元，每三年另付100元作为管护期间购买工具的费用。具体工作是根据植物生长规律，定期为区域内所有景观苗木、绿地进行除草、松土、培土、浇水、施肥、防病、防虫、修剪、整形、刷石灰水等，使苗木茁壮成长；负责区域内所有景观林、绿化带和道路卫生的打扫清理工作，保持区域内清洁卫生及排水顺畅；管理范围内少量布局调整、移植、补种。

连续几年实施环境整治方案，尤其是经过集体的综合治理及个人的局部管护，不仅优化了村庄环境，改善了村容村貌，同时也提高了群众主动参与、配合治理的积极性，使群众真正认识到保护环境、身体力行的重要性，把建设绿色美好家园视为自己义不容辞的责任，从而贯穿于点点滴滴的生活之中。

2. 村民参与与日常清洁

冬日里的上庄古村，在周围山峰的环绕之下，显得凝重大气。街巷里不时看到有村民在打扫卫生，街边的村民三三两两把自家垃圾桶放在路

村民清扫街道

村民往生活垃圾清运车中倒垃圾（之一）

边，等待清洁员收集处理。由于村委连续几年狠抓环境整治问题，加上日常生活中切实可行的清扫制度和垃圾清运制度等，村民们已经有了环保意识，并且形成了良性互动的垃圾不落地长效机制。

询问村民后我们得知，上庄村清运垃圾实行区域包干责任制，首先将清运区域划分为两个，一号区域包括古河两岸，西至大圈，东至土地庙坡顶；中街沿线，东至东头坡底，西至窦家后圪洞；第二村民组菜地、秧藤、秸秆、杂物的清运。二号区域包括汽路沿线，东至联办矿办公楼，上线至中庄煤球厂西，下线至花园中庄界，包括小区所有范围；第一村民组菜地、秧藤、秸秆、杂物的清运。清运人员按区域分片承包，按运行路线收垃圾。行运线路间系两区域之间相互交叉的住户，由村民自行选择清运车倒垃圾。每天早上6~8点，清运人员会在管辖区域内按规定线路运行两圈以上收垃圾，车上装的喇叭会不停提示村民倒垃圾，垃圾清倒和运行期间如果不慎漏渣、掉渣，清运人员会负责随时清理，确保街巷干净。另

村民往生活垃圾清运车中倒垃圾（之二）

外，清运人员所包区域内除修建整车（三轮车）以上建筑垃圾由修建者负责清运外，其余村民收秋、打夏和园地所产生的秸秆、根茬、秧藤、村内树木花草修剪的枝叶、村民生活垃圾以及其他垃圾均由清运人员清扫并倒入车中运送至垃圾场，确保所包区域内无垃圾堆积。清运人员必须服从村委监督、检查，应接受环卫队指导。正常情况下，清运人员会在当天早上8点之前运出所包区域内产生的一切垃圾，如果遇上下雨下雪天气无法在8点之前清运的，清运人员会在雨停后一天内迅速将区域垃圾全部清运完毕；如果遇上洪灾造成大量河沙淤积和暴雨时，首先由环卫负责人根据实际情况组织人员进行清理，完毕后再由清运人员正常清运。如果清运人员因事因病不能亲自出车，会自己找人找车代出；因病因事不能亲自出车又不找车导致停止清运的，村委将找人找车清运，当然会扣除清运人员一定的费用；如果经常出现不出车情况，村委会连续警告三次仍不悔改的，村委会会停止其清运工作，另安排其他村民负责完成清运工作。

清运工作具体由环卫队长组织人验收，若圆满完成任务，清运人员一个月可以挣到1250元，由分管领导签字后按月上报村委进行结算。

为了加强环境卫生综合治理工作，按照"因地制宜，净化美化，分层管理"的原则，除了清运人员外，还有环卫队负责相关环卫工作，环卫队由一个队长、一个道路保洁员、两个厕所冲刷工、一个环卫运输员五人组成。环卫队长负责带领全体成员认真落实党委、政府下达的各项环卫工作任务，全面规划、统筹安排各项环卫工作，落实岗位责任制，不断提高工作效率和水平；积极推行改革措施，实行科学管理，努力提高环卫工作的社会效益；带领本组人员自觉遵守各项规章制度，按制度细则对本队人员进行考核；加强财务管理和监督，严格财经纪律，努力增收节支；认真做好所有成员的思想政治工作，关心同志，调动全体员工积极性，保持安定团结。环卫队道路保洁员在队长领导下，积极完成分配路段卫生保洁工作，保洁路段要保持整洁干净，无杂物、漂浮物，无灰尘、无垃圾堆放，垃圾箱、池每天清理一次以上，保持清洁卫生；每天上午7点之前必须完

干净整洁的上庄村

成第一次道路清扫，所有垃圾池、箱内垃圾要清运至垃圾堆放点，不焚烧各类垃圾，不往明沟、窨井、绿岛、花坛内倾倒垃圾，不往别人保洁路段、垃圾池倾倒垃圾；遵守各项管理制度，不缺勤、不离岗，工作规范，注意交通安全，上班时穿工作服且着装整齐，服从工作调配，按时参加组织学习和例会；爱护保洁用具，需维修应请示，对易损保洁工具做到以旧换新，严禁遗失、损坏和个人占有行为。环卫厕所冲刷工负责在队长领导下，发扬爱岗敬业精神，遵守各项规章制度，积极完成厕所卫生清刷工作，保证厕所"四净"，即：厕所地面冲刷干净，便池冲刷干净，便地坑冲刷干净，厕所门前四周清扫干净；厕所每天清刷三次，上午7时前、下午2时前、下午5时前各冲刷一次；保证厕所地面、墙面、便池、便坑无污垢，做到勤冲、勤洗、勤刷，保证厕所内干净，无恶臭，地面无积水，做好夏季灭蝇消毒工作；管理好厕所内设施，做到勤检查，对水冲厕设施情况及时掌握，对水阀、水龙头、水管做好管理，对冲厕供水要把握有度，节约用水，注意观察化粪池情况，及时吸粪，防止溢出地面；要服从管理，爱护厕所内设施，发现损坏及时汇报更换，杜绝居民投诉情况发生。环卫运输员负责在队长的领导下进行工作，认真履行环卫所工作职能，负责本辖区内环境卫生管理和对辖区内垃圾池和露天垃圾的清运清理，确保辖区内无垃圾积压；做好一周工作计划，定时召开队员会议，检查和总结一周工作情况，协调和处理好一周未完成工作，发现问题及时汇报；负责管理好垃圾清运服务工作，合理安排好每天工作任务，积极完成上级下达的各项工作任务。

在这个过程中，环卫队员负责将责任范围内的区域彻底清扫干净，保持全天整洁，同时要将各垃圾点及时清理，确保无垃圾积存。广大村民也都积极行动起来，彻底对各自房前屋后进行卫生大清理；每天下午6点之前将垃圾倒入指定垃圾桶和垃圾点，6点之后不再倾倒任何生活垃圾；不乱泼脏水、污水，确保大街小巷卫生整洁。

以上日常清洁活动在开展过程中，采取边整治、边建设、边管理，切实落实专门管理人员和经费等办法，由此形成了长效管理监督制度。通过

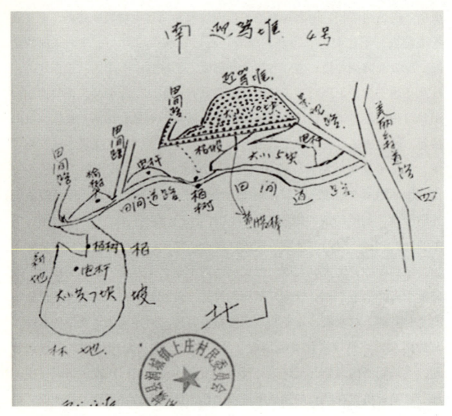

林区管户人具体负责区域及要求（之一）

长效管理，有利于及时查漏补缺并加以完善；有利于破除陈规陋习，树立文明生活新风尚；有利于农村城市化进程，促进城乡和谐发展，为巩固生态村建设成果提供了有效保证。另外，通过开展乡村清洁活动，有利于建立并完善乡村清扫保洁和垃圾收运处置工作体系，形成乡村环境卫生工作长效机制，做到"四有、四无、三净"（有清洁保洁队伍，有果皮箱，有垃圾收运设备，有垃圾填埋场；无抛洒杂物，无存量垃圾，无乱堆乱放，无断壁残垣；大街小巷净，房前屋后净，村庄周围净），最终实现乡村人居环境显著改善，提高村民的保洁意识和文明素质。

其实，在环卫队中有一部分是年过60的老年人，村委制定的《老年人岗位责任制》规定，只要是年龄在60岁以上且身体健康有劳动能力的老人，便可以遵循自愿原则优先加入到环卫队中，这样他们既锻炼了身体又

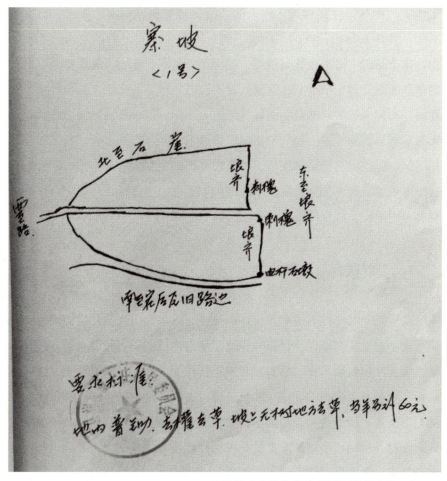

林区管户人具体负责区域及要求（之二）

能为村庄的卫生尽一分力，同时还能保证老人能有一定的收入。村委为他们划分好区域，个人具体清扫位置由抓阄产生，老人每月单日的早晨6点到8点清扫卫生区域，7：30会有垃圾清运车来清理垃圾。每个老人大约清扫200米左右的距离，每人每年可领到经费补贴2500元。另外，如果在双日或者有特殊情况需要临时清扫时，环卫队长会一一通知，每人每次补贴10元。这应该算是上庄村在环保方面的又一个创新，可以将老年活动和美丽乡村建设完美地结合在一起，取得了显著的效果。

村民们除了参与到村庄日常清理工作中外，还可以参与到绿化荒山的工作中。护林管理实行责任到人的办法，村委根据树木、花灌、位置的不同，具体划分出相同的工作量。管护人会定期对分管区域内的各种树株、花草及野生灌木（如马榴花、迎春花、对荆、连翘、黄蜡棒等）进行锄草和灌溉管理，按季节在管辖区域内刷白、做林区标志（如垒石猴、划界限、写标语等），并且会做好林区防火工作，保证管辖区域沿路及周边无杂草和易燃物。他们每人每年可以领到1200元左右的工资，村委每年在年终统一验收后进行结算支付，对表现突出的会给予额外奖励；但管护不达标准的也会相应扣除一定工资。这种方式既可以保证环村绿化工作的顺利、有序进行，又为村民就业增收提供了途径。

3. 干群联合与环保监管

在享受上庄古村干净整洁、林木茂盛、绿水青山优美环境的同时，我们不得不提上庄村环保监督员——美丽乡村建设的美容师赵直余。他20岁就进入上庄村村委工作，44岁时开始担任村委主任，亲眼见证了上庄村这些年一系列翻天覆地的变化：昔日贫穷、封闭、落后的小村庄经过几十年的努力奋斗，演变为今天经济指标全镇名列前茅、人民物质生活空前发达的新农村。然而经济的繁荣发展是以牺牲环境为代价的，在发展过程中垃圾到处堆，企业盲目建，污水随处排，"脏、乱、差"现象随处可见，可以说上庄村的先前发展是建立在垃圾乱堆放的基础上的。为了改变这一状态，身为环保监督员的赵直余，身体力行，亲力亲为，建言献策，用自己的实际行动改变着这一现象。

他首先加大环境整治力度。一是清除"三堆"，消灭"三圈"。全村意识到环境建设的重要性后，组建环境整治领导小组，任命赵直余担任环境整治领导组组长，重点清除村内居民"三堆"（煤堆、土堆、垃圾堆）、"七乱"（乱堆、乱放、乱搭、乱建、乱贴、乱画、乱种）、"三圈"（猪圈、鸡圈、牛羊圈），建立水冲式厕所。在清除"三圈"过程中，开始有很多村民不理解、产生抵触情绪，更有村民大闹赵直余办公室，踢门、摔杯子，破口大骂，但是赵直余总是能够认真仔细地倾听群众内心的诉求，然后从全村工作大局、村庄长远发展、村民生活健康等方面耐心细致为村民排忧解难，同时在村外为村民妥善安置养殖场，最终圆满完成了清除村内"三圈"的工作。二是建立长效机制，全镇创新垃圾不落地工作。随着上庄村天官王府景区的逐步发展，以往的环保工作机制已经远远不能满足现在的需求，为了解决这个问题，赵直余立足上庄村的实际，起草了《上庄村环境整治垃圾不落地的实施方案》，经过村两委激烈讨论，最终形成定稿。方案确定总体目标，全民动员，从我做起，做到垃圾不落地，坚持日日清，创建清洁优美的生活环境新氛围。村两委成立了领导组，村主任任组长，赵直余任副组长，具体负责环卫工作。成立了专业环卫队，继续实行分片管理，责任到人。单日早上定时保洁区域卫生。分片成立两个清运垃圾队，定时收集垃圾，送至指定垃圾场。按户发放垃圾桶一个，村民每天定时将垃圾倒入清运车。加强对环卫工作检查、评比，奖励做得好的村民，做得不好的要受到一定的惩罚，违反规定的要上报村委给予处罚。同时要列出环保专项资金，确保环保人员工资按时支付，环卫工作正常运转。这项工作是全镇环卫工作首创的新举措，并推广到了全镇。三是大力实施污水治理，建立污水网，全村污水统一排放。在这一过程中，部分村民因为历史纠纷，在建立污水网的过程中，想方设法横加阻拦，阻碍工作进展；有村民甚至用堵塞赵直余家排水管的方式进行泄愤，但是赵直余总是能站在整体利益的高度，尽量做到公平合理，通过解释疏导，把这项工作顺利完成。四是改良厕所，拆除违章建筑。村内先后建立了15所公厕，随着天官王府景区的建设，又逐渐改良，兴建水冲式厕所，极大地改变了村内公厕使用状况，基本满足了村民使用需要。下大力气拆除违章建筑，对于不能拆除的，修建挡墙，村内环境面貌焕然一新。

其次，全面铺开绿化工程，实现可视荒山绿化。2002年的上庄村，四面都是荒山，一遇大风黄沙满天，为了解决这一问题，村两委决定进行大面积荒山绿化。然而摆在众人面前的一大难题是在黄沙地上栽树苗能否成活，在阳城境内没有先例。为了解决这一难题，赵直余带头搞起了试验，亲自带队在黄沙岭种植。开始的时候树苗长势良好，但是过了六个多月，树苗大量枯萎，给赵直余以极大的打击。然而皇天不负有心人，一场大雨让满山树苗逐渐返青，竟然奇迹般地成活了，成活率达到了90%，创造了奇迹。村两委根据这一经验，在全村进行了全面推广。目前，上庄村的可视荒山已经全部绿化。为了进一步巩固绿化成果，全村借助美丽乡村建设和润城文化旅游产业发展的机会，全力实施绿化工程，重点栽植蜡梅，为全镇确定上庄梅园的工程奠定了基础。

再次，他领导全村人寻找安全水源，确保村民饮水安全。吃水问题是事关老百姓身体健康的大问题，上庄村因煤矿开采而造成了地下水污染，村民吃水非常困难。为了解决这一难题，村内深入井底寻找污染源，数次打深水井，但都失败了，在上庄村找不到一个安全的饮水源。最终，村内和中庄村协调，把中庄水引流，在村内修建蓄水池，从而解决了村民吃水难题。但是这些问题解决后，保护水源成了一个问题。赵直余又主动带头当起了看护员，每天到水源地进行检查，从过滤网到管道疏通，从中庄到上庄水库的管道疏通等，他都进行了仔细查看，确保水源不出问题。

最后，在全镇美丽乡村建设中，上庄村先试先行，赵直余更是冲锋在前，无论什么工作都能见到他的身影，无论碰到什么困难，他都冲在前面，发挥共产党员的先锋模范作用，发挥环保监督员的职责。美丽乡村建设系统庞大，和天官王府景区建设相辅相成，环境问题是首要问题，赵直余见到随处扔垃圾的，无论大小，总要说上几句，虽然大部分人理解，但也有一部分人认为是多管闲事，但是他说："环保无小事，只要是环保问题，我都得尽责，都得说两句。"之后，他总是露出善意的笑容。晋城环保行的记者还专门采访过赵直余，并写下了《美丽乡村守护者》的报道：

　　7月25日，晋城环保行记者走进阳城县沁河河畔的润城镇上庄明村，这里干净整洁，环境优雅，绿水青山与现代文明相融合。

"我们村有专门的环保监管员，可是发挥了大作用，彻底帮我们改变了过去垃圾到处堆、企业盲目建、污水随处泼的'脏乱差'现象。"一位村干部说。

村庄环境卫生整治如何开展？上庄明村环保监督员赵直余对这件事一清二楚："生活垃圾、生活污水、畜禽养殖是目前农村环境整治面临的三大难点，我们村抓住这三个难点，积极推进农村环境卫生整治。"赵直余说，村里积极实施垃圾不落地工程，家家配置垃圾收集桶，还规划建立了专门的农村垃圾堆放点，确定专职人员定时收集，形成"户保洁，村收集运输"的农村生活垃圾处理新机制。同时着力抓好规模化畜禽养殖污染治理，对全村规模养殖户进行了摸底调查和核实，征求相关部门意见后，规定了专门养殖区域，对原来村里零星养殖的散户进行搬迁，并严格执行环境影响评价制度，落实养殖场废水、废渣、恶臭治理处置措施。"我们还开展了农村资源综合利用工作，发展农村循环经济，引导农民以'一池三改'（沼气池，改圈，改厕，改厨）户用沼气建设为重点，全面开展农村粪污、生活污水防治，环境卫生得到了明显改善。"赵直余说。

4. 综合治理与古建保护

上庄村现存历史文化遗产非常丰富，共有历史建筑2.5万多平方米，有居住、宗教、祭祀、商业等建筑类型。而且在时间跨度上，有元、明、清、民国等各个年代的建筑，并按照村落的发展，形成时代痕迹明显的古建筑群。上庄这座当年显赫的天官王府，更是历经了几百年的岁月沧桑。现在的上庄村建筑群保存较为完整，没有别的地方那样七零八落，据说主要得益于老一辈村民的"冥顽不化"，他们更乐意居住在祖辈留下的老屋子里享受清静安然，这也成为上庄的一大景观。成家的年轻人几乎全都住在古河街北半山腰的楼房里，而古河街两侧的老屋里几乎全是老辈人的天下。

从20世纪90年代中期开始，村里也学起了先进地区，准备着手建设新农村，请专家画图纸、做规划，要把老房子全部拆除，全部建成新房屋。工程一开始就遭到大部分村民的强烈反对，在拆除了几栋老建筑后（现进士院对面的操场，就是被拆除的老建筑），以拆毁老建筑为标志的新农村建设工程后来不了了之，这才使得古建筑得以保留下来。现在除了现存的十几处规模宏大的院落外，还有南山坡上那白松掩映的炉峰庵和村内拔地而起的座座堡楼，仍然在向世人昭示着其当年的气势和辉煌。

2003年，上庄村注册了天官王府景区，也由此开始对村内新扩建街道以南、以庄河为中轴线的历史街区及散布于古建筑群周围的古树、古庙宇等进行保护和修缮。具体包括三个区域：庄河南岸，从永宁闸开始往上至上南河进士第的古院落群；庄河北岸，从茹家院开始往上至仰山居的古院落群；村庄东部，包括树德居、樊圃、樊氏宗祠在内的所有古院落。主要是对已坍塌的、有价值的古建筑有选择地逐步照原样恢复；在规划指导下

维修之前的元代民居

维修之后的元代民居

逐步改造或拆除本区内已修建的新房；检查本区内古建筑的二层、三层，加以修整，以防坍塌，抢修楼梯和二、三层楼板、栏杆；清理、修缮并保护本区内的水井、空地、古建筑遗址，整修和绿化空地；改造、修整本区内的道路路面，街巷内路面仍用卵石和石板铺砌而成。从2009年起，历史文化名村保护工作正式启动，工程分为三期，逐步对年久失修、损毁严重的部分古院落、古建筑进行修缮。到目前为止，已修复的院落有樊家庄园、参政院、望月楼、秦家楼、司徒第、中院等院落。

与此同时，村里还极力解决古村落里居民的搬迁问题，共投资1600万元，在村子的北面为村民修建了现代化住宅小区，并且制定了房屋置换办法，通过较低的价格卖给村民，并通过专业评估机构对村民原居住地进行评估，由村集体进行补偿。住宅小区分为两种类型，一种是六层式单元楼，为四室两厅，另一种是二层式农家院，村民可以根据自身需要选择所购置房屋类型。搬迁以前先征求村民意愿，如果村民自愿搬出，则由专业评估机构对村民的老房子进行价值评估，考虑到一个院子可能不止住了一家人，不算院子面积，只算房子面积，一平方米100多元，找差价以旧房置换小区的新房。六层式单元楼一平方米500元左右，一套房子130平方米左右，价格一般在6万元到9万元之间；二层式农家院的价格一般在14万元到17万元之间。另外，有两处院落采用县里通用的租赁办法，由集体租赁30年，负责维修、开发，产权仍属于个人。但是租赁遗留问题较多，村里还是会尽量采取回收置换搬迁的办法。从2007年起，上庄村采取产权置换办法回收各类古旧房屋共13,000平方米，其中公共景区的住户现都已搬出，但是村委也不计划将古村落的居民全部般迁，否则会使古村落缺乏生气，仍然会留下部分文化素质较高的老百姓，可以负责所在景区的卫生、安全等工作。例如，王国光的第22代传人、79岁的王永正爷爷和老伴儿仍然住在天官府侧面的一套小房子里，负责景区安全，有游客时爷爷会给他们简单讲些王国光的故事，对景区的发展也是很有意义的。通过这种方式，上庄村将村内古村落资源有效整合起来，以便于后续的修缮、保护和开发工作。

美丽乡村建设既是美丽中国建设的基础和前提，也是推进生态文明建设和提升社会主义新农村建设的新载体。有"中国民居第一村"美称的上庄村以建设美丽乡村为契机，整合资源，积极进行环境综合整治，为古村

现代化住宅小区

增添了活力。在开展社会主义新农村建设的过程中，上庄村把综合整治农村环境作为切入点，从小处入手破大题。根据村里的实际情况和县委、县政府整治目标中提出的"三个明显"（即：村容村貌有明显变化，卫生状况有明显改观，群众满意程度有明显提高）的要求，按照村里提出的"清除'三堆'、取消'三圈'，改良厕所和跟踪绿化"的工作目标，在凝聚力量对"三堆""七乱"进了集中清理的同时，把突击清理"三堆""七乱"与建立保持村容村貌长期整洁卫生的长效机制相结合；与"四化四改"结合起来；与培养村民的良好卫生习惯结合起来，与村庄科学发展结合起来，把环境整治从狭义上的搞卫生提升到广义上的山水林田路综合治理、人与自然和谐相处的高度，抓环境促发展，靠发展更好地改善环境。在环境综合整治的推动下，村庄的面貌明显改观，基础设施建设也不断加强，群众生产生活条件和医疗卫生状况也得到显著改善。主要体现在：

第一，在实现"村村通"的基础上，对村内大街小巷全面进行硬化、绿化、美化和亮化，并在村周边山头完成退耕还林和荒山绿化工程一千余亩，实现了村庄可视山头全部绿化的目标。

第二，农村新型能源建设稳步推进，村民煤层气改造工程已进入扫尾

上庄村中的健身器材

阶段，建成后全体村民将全部用上清洁卫生的新能源。

第三，改造现有供水设施，在新打机井水质硬度超标的情况下，投资从邻村引进水源，彻底解决了村民生活用水问题，为乡村旅游中长期发展提供了保障。

第四，投资对学校、卫生所等进行了改造。

第五，新建、改建门球、篮球场等体育活动场所3个，各种形式的休闲场所4处。

第六，环境卫生基本做到了大街小巷隔日扫，日产垃圾天天清。

第七，结合村庄实际情况和社会主义新农村建设发展的要求，按整体规划，切实推进老村区的保护开发和新村区的建设。按照村民的意愿，在村委办公楼后挖山填沟，修建居民楼两幢、农家院31套，并在周围规划建设了村民办事场所和停车场、公园、篮球场、公厕、垃圾池等公共设施。整个小区规划建筑布局合理，具有较高的实用性和科学性。

第八，筹资1300余万元，对古河街、中街和旅游道路沿线全部采用手工砂石进行了铺装，实施了"三线（强弱电、有线电视、通信）入地"工

上庄村河街治理工程施工现场

程、供排水管网改造和8000平方米的街巷铺装等工程。

上述这些工程的实施，大大增强了村内基础设施条件，为村民营造了一个优美的生产、生活环境，实现了村容整洁。

2014年到2015年间，上庄村大力实施清洁乡村工程，建立健全了环卫工作机制，按照"取消'三堆'（煤堆、土堆、垃圾堆），清除'三圈'（猪圈、牛羊圈、鸡圈），改良厕所，跟踪绿化"的目标，共填平老式旱厕45处，新建合并了高标准水冲公厕8处，安放果皮箱70个，发放便携式垃圾桶360个；组织专业环卫队伍，实现了"生活垃圾不落地，大街小巷隔日扫，生活垃圾日日清"的环卫工作机制；新建了游客接待中心、停车场等乡村旅游配套服务设施；在住宅新区实现了集中供热，村民全部用上了煤层气。

上庄村的乡村清洁工程不仅美化了家园，优美整洁的环境还促进了乡村旅游产业的发展，上庄村现有保存完好的官宅民居40余处，是沁河流域古迹最多、保护最完好、人文历史最为显赫的古老村落，同时也是全国唯

上庄村水冲式厕所

一一处集元、明、清、民国民居于一身的文化古村，有"中国民居第一村"之美称。依托文化旅游资源优势，上庄村两委带领广大村民，以打造"文化上庄"、"民俗上庄"为载体，着力推进旅游兴村战略，在创优环境、景区基础设施建设、体制创新等方面下功夫，在形成村庄特色、建立长效机制、调动村民参与积极性上下功夫；结合自身经济水平、自然条件和人文基础，在文化传承、科学定位、加强规划上下功夫，为把上庄村建设成为"宜居、宜业、宜游"，集观光、休闲、度假、生态采摘为一体的生态村而不断探索。通过十余年的不懈努力，基本形成了"两街（中街、古河街）五区（古村落旅游片区、炉峰院宗教体验片区和住宅新区、花园、北街村民集中居住区）两园（炉峰岭森林公园和翠微山生态公园）"的文化生态旅游发展格局。2014年，全村全年共接待游客6.8万人次，门票收入100万元，旅游综合收入达到400余万元；同时，旅游产业的开发也大大激发了广大村民参与"美丽宜居示范村"建设的热情，有力带动了村内三产发展，促进了村民的就业增收，到目前为止，全村规模农家乐接待户达到40余户，旅游从业人员200人，占到总劳动力的40%以上，村民从中得到了真正的实惠，取得了较好的经济和社会效益。

近年来，上庄村在上级政府的正确领导下，认真贯彻落实科学发展观，从自身实际出发，坚持"扶持民营企业，优化煤炭产业，开发旅游事业"三大战略方针，建设完成3处活动场所、1个图书室、2个门球活动场所、1个老年活动室，出台了多项创业优惠政策、各种涉及村民利益的各项规章制度。通过理清发展思路，转变工作作风，优化发展环境，促进经济快速发展和社会文明和谐，在农村社会治安综合治理和社会主义新农村建设等方面都取得了可喜的成就，分别被上级政府授予"中国历史文化名村"、"省级文明村"、"宽裕型小康村"、"文明和谐村"、"生态园林村"、"巾帼示范村"、"中国民居第一村"等荣誉称号。

对于社会主义新农村建设，十六届五中全会提出了"生产发展、生活宽裕、乡风文明、村容整洁、管理民主"的具体要求，十七大报告又着重指出"统筹城乡发展，推进社会主义新农村建设"，十八大报告则强调

"大力推进生态文明建设，努力建设美丽中国"。可见，推进美丽乡村建设既是今后一个时期农村社会发展的核心任务，又是评估区域社会发展水平的重要指标。同时，美丽乡村建设是一个系统工程，涵盖基础设施、产业布局、环保工程、管理机制和资源保护等内容，如何在保证秀美山川的同时促进农村经济快速发展是关系到国计民生的关键问题，上庄村也需要进一步积极响应国家号召，在建设美丽乡村、促进农村经济社会科学发展的同时，提升农民生活水平，加快城乡一体化进程，在创建美丽乡村工作中，紧紧围绕上庄村村委建设的总体部署，以科学的态度制订创建规划，明确产业发展、村庄整治、农民素质、文化建设目标，以务实的作风狠抓落实，真正建设成有特色的美丽乡村。

附录

附录一：上庄村幼儿园安全措施细则

近几个月福建、广西等部分省市发生多起校园安全事故，针对这种情况，为确保我村幼儿园防止此类事情发生，特制定如下措施：

一、制定幼儿园家长接送制度。

1.家园之间严格遵守接送时间：

早上：08：00——08：20入园　　　中午：11：10——11：20离园

下午：14：50——15：10入园　　　下午：18：00——18：20离园

2. 家长交卡接人，没有卡不领人，幼儿园不准无卡放人，不准让别人随便代替领人。

3. 实行人卡分离，幼儿园有人无卡，有卡无人。

4. 严禁幼儿在园期间教师擅自离岗、外出、回家。幼儿全部接走，教师方可回家。

5. 节假日或临时放假，幼儿园要提前通知家长，明白接送时间。幼儿全部安全接走，教师方可回家。

二、教师做好幼儿安全教育工作，可采取游戏、授课等方式教授幼儿防护措施，增强幼儿安全意识。

三、做好执勤工作。课外活动时间，幼儿在教师的视线范围内，如遇特殊问题，应有应急措施。

四、加强教师培训，提高安全意识，做到爱岗敬业，遵守各项规章制度。

五、检查责任人：

班级内物品第一责任人班长，日常检查人幼儿老师杨小光。

公共场所物品第一责任人幼儿老师杨小光。

户外场地幼儿老师曹建芳。

大楼内公共走道幼儿老师王湾湾。

检查时间：

班级：固定的每日一检：离园前；

第一检：上午幼儿来园前7：30分前。

第二检：校园巡视、打扫卫生时。

第三检：离园时。

检查责任人为：村委综治办主任（巡视时，发现安全隐患及时处理，并告知日常检查责任人），检查结果作为安全考核依据。

附录二：上庄村幼儿园遇紧急事件应对程序

为提高教职员工的警觉性，使其遇到突发事故时，教工能采取适当及有效的应变措施，以降低意外的严重性，减少损失。

预防措施：

1. 幼儿园所有教职工熟知各部的报警电话。

2. 幼儿点名册及家长联系电话放在班级明显及易于取放处，该处同时张贴应急方案及报警电话。

3. 每位教工应熟悉楼内逃生路线，在遇到火警意外时，能带领幼儿走到安全地方。

4. 教师熟知灭火器的摆放位置，并会使用，每年带领幼儿开展逃生演习不少于1次。

5. 由专人定期检查灭火器，及时更换到期灭火器，以确保所有灭火器都能使用。

6. 安排教工参加急救及火场逃生培训，学习在面对危机及紧急事故时做出正确的处理。

7. 当意外发生后，当值教师要记录有关意外的发生经过及处理过程，以便做出相关评估。

突发事件的处理及应对

遇处理突发事件，园方整体处理：

1. 全面了解事情经过；

2. 评估有此事引发的问题；

3. 协商采取的措施及分工；

4. 根据需要通报/征询相关部门意见建议；

5. 做好家长工作；

6. 总结反思；

跟进工作：

1. 疏导与事件有关人员（老师、幼儿）情绪；

2. 与有关人员商讨宜采取的行动及分工 。

上庄幼儿园

2010年5月20日

附录三：润城镇上庄村绿化规划设计方案

一、设计原则

上庄村块状绿地规划设计依地形地貌、立地条件、地理位置等实际情况，以北方常绿树种和乡土树种为主，搭配观赏树种、花灌木点缀的绿化模式，形成针阔混交、植物配置色彩鲜明、四季常青的绿化景观。

二、绿化内容

一是街道绿化；二是南花园休闲绿地；三是小区房后绿化。

三、规划及施工设计

（一）街道绿化

街道绿化在遵循现有绿化的基础上主要绿化坝上空地。坝上空地东低西高，土质为黑沙壤，现有红生土堆放。因此，东边与民房相接处应当留1.5米排水沟，且依地形打一斜边小坝。不需回填新土，带坡度平整地面。现有红生土平铺整块空地，要求耙细，不见土块。

设计沿路灯边单行补植桧柏，株距2.5米，株间单行栽植黄杨球，株距2.5米。东边地势较低处，沿边缘单行栽植金丝垂柳，株距3米。沿坝边单行栽植爬山虎，形成垂直绿化，株距0.5米。坝低路高，坝面与路面之间以斜坡整地，坡面宽1.5米，以方格砖铺装，中间留出空地以金叶女贞、红叶小檗、铺地柏栽植花色图案，方格砖内植白三叶草。

（二）南花园地块休闲绿地

南花园地块休闲绿地现为三块阶梯状空地。

第一块留主出入口，靠中庄沟边和南边以雪松、华山松、龙柏、白皮松、桧柏、香花槐、黄金槐、椿树不规则丛植或孤植；靠门球场路边以火棘、黄杨球、五角枫、红叶桃、元宝枫、蜡梅、剑麻不规则丛植或孤植。整体上以西南方高大乔木分隔中庄沟,同时与南部山坡已绿化树木相衔接,东北方花灌木、色叶类低矮乔木与下斜的地势和第二块地上植物相衔接。

第二块地与第三块地整地呈斜坡状,大致在一个水平面上。以圆形水泥砖铺设人行小道,中间留设花坛,栽植月季、芍药、牡丹;靠中庄沟边和南边以雪松、华山松、龙柏、白皮松、桧柏、香花槐、黄金槐、椿树不规则孤植或丛植;靠庙边以丁香、百日红、高杆女贞、五角枫、火棘等不规则丛植;靠河边不规则丛植剑麻。

第三块临河边的地,为求整齐美观,宜打起河坝,依实地情况看,坝与地之间可整地成2米宽斜坡,用方格砖铺装,留出空地以金叶女贞栽植成"天官王府"字样,方格砖内植白三叶草;斜坡上以方格砖铺设1米宽坝面,以防雨水冲刷,且单行栽植龙爪槐、黄杨球,株间混交,株距3米,方格砖内植白三叶草。

沿现有道路两边栽植50厘米宽的冬青绿篱带,带后单行栽植金丝垂柳,与中庄沟界单行栽植金丝柳,株距3米。第一块地与建成后的第二块地之间修建阶梯,坝高1.2米。坝上栽植50厘米宽的金叶女贞、冬青绿化带,坝下单行栽植1.5米高的侧柏,栽后平茬到1.3米处,株距50厘米。

所有拟绿化地除花坛外,在乔木、灌木下全部种植白三叶草。

门球场南边第一小块地,沿地棱栽植50厘米宽的冬青绿篱;第二块以上不规则栽植香花槐、椿树、红叶李、元宝枫、华山松,直至间植于现有柏树中,以便形成自然衔接,地棱前沿栽植丁香、连翘,株间混交。

(三)小区房后绿化

小区房后绿化由于坝高,且后山缺少常绿性植物,设计坝边单行栽植爬山虎,形成垂直绿化效果,株距30厘米。坝上前沿栽植50厘米宽冬青带,株行距25×25厘米;冬青带后单行栽植雪松,株距4米,株间混交丁香、连翘,丛状栽植。雪松后面多行栽植香花槐、椿树,株间混交,株距3米;乔木下种植白三叶草。

种苗设计：乔木种苗要求健壮通直，顶梢完好；灌木种苗要求侧枝分布均匀，全部苗木均无病虫害。

香花槐、椿树胸径≥3厘米，苗高3米以上；

百日红、五角枫、元宝枫地径≥2厘米；

丁香、连翘、冬青苗高≥40厘米，有3~5个分支；

剑麻冠幅≥50厘米；

龙爪槐苗高≥2米，胸径≥4厘米；

桧柏苗高≥2.5米；

黄杨球、火棘冠幅≥70厘米；

雪松苗高≥5米，胸径≥6厘米；

龙柏苗高≥2.5米。

整地设计：穴状整地，排列要随植物造景而异。整地规格百日红、五角枫、丁香、连翘为（40×40×40）厘米；桧柏、龙爪槐、香花槐、椿树为（80×80×80）厘米；雪松为（100×100×100）厘米。

栽植穴要求必须全部回填客土，然后再进行栽植。

栽植设计：栽植要求起苗带土球，用草绳包扎，避免人为损伤，并做到根展苗正，深度适当，加保水剂或固体浇水栽植。苗木水要随起随运随栽，减少中间环节，栽植后，要在当天浇一次透水，上培虚土，防止干裂。部分苗木要打好支撑。

四、平整场地、需苗量及投资概算

工程共需各类苗木16,920株，投资概算273,400元。平整场地面积3000平方米，投资概算为16,800元。两项共计投资290,200元。

附录四：上庄村房屋置换办法

第一条　为了规范我村房屋置换行为，保证换房工作顺利开展，在广泛征求村民意见并进行归纳整理后，结合村民反馈意见，经两委会议再次研究，制定本办法。

第二条　本次换房工作成立专门领导组负责此项工作，具体组成人员及分工如下：

组　长：赵直余　（负责全面工作）

成员及分工：　阳城县拆迁办代表（负责政策性的解释）

侯马评估公司代表（负责对评估房屋解释核实）

王晋强（负责房产资料审核、整理存档及办公室日常工作）

王　金　城（负责换房过程中矛盾纠纷的调解工作）

王广祥、王明虎、曹继信、崔有正（负责换房过程中财务手续的办理及房产转换、变更时契纸的撰写、绘图和对房产进行逐户落实时的其他工作。）

第三条、兑换范围包括五部分：

1. 庄河南岸，西至永宁闸，东至对面的宋小锁院区域；

2. 庄河北岸，西至茹家院圪洞（包括坡头起），北至中街，东至东头井区域；

3. 王白苟房东侧圪洞，东至樊家祠堂，南至中街，北至新院区域；

4. 中街以北的牛家疙瘩、北庵庙、上下圪坨院区域；

5. 公路以北至住宅小区大坝区域。

第四条　兑换户条件：在上述范围内具有独立产权且手续齐全、四邻无纠纷的房屋和所有附属物。

第五条　集体与村民本着平等自愿的原则，以住宅小区现有剩余楼层房号及农家院共计五十六套与村民进行兑换，房价按照公示价格执行；对拆迁户实行产权调换与作价补偿相结合，产权调换根据兑换房屋价值折算退补。

第六条　已在住宅小区购房的村民，符合上述规定愿将旧房兑换的可参照本办法执行。

第七条　村民在兑换房屋时，换取居民楼的，其旧房建筑兑换面积不得少于130平方米；面积达不到兑换标准时，村民可自由结合他人旧房，但超出面积不得转让；换取农家院的，将本户所有旧房及附属物一并兑换即可，不作面积限制。

第八条　换房户和被结合户要将所兑宗地内所有房产、附属物全部进行兑换（整院新房的可除外），被结合户房产手续可直接针对集体；如出现两处及两处以上旧房时，在旧房面积达到换房标准的情况下，遵循便于集体管理的原则，可报请换房领导组同意后，对其中一宗房产进行全部兑换。

第九条　换房工作安排：

（1）2007年9月9日对外公布本次换房的相关条款。

（2）9月10日上午8点至9月12日下午6点为换房户报名时间，由换房人和结合面积户持全部旧房手续和名章到村委王晋强处进行报名登记，在对换房面积初审达到兑换标准并签订有关手续后，现场确定所换楼层及农家院区域；（一号楼一层暂定名额为7户；二号楼一、三、四、五层每层暂定名额为6户，二层为4户；农家院划分区域以报名户数按照现有未出售院落由西向东、由前往后的顺序依次类推）。

报名时，换房户只可办理本人手续，不得代理；上述楼院在规定时间内报满为止，逾期不报的，按报名时间到时截止。

（3）报名结束，由换房领导组进行综合，逐院逐户进行核对，在核对中有纠纷的，由换房领导组进行协调处理或限时解决。协调不成的，换房领导组则退还房产手续并取消报名资格。

（4）换房领导组和换房户进行现场确认并签订换房协议书后，换房人要凭换房领导组出具的证明在规定抽签日之前到财务处交清全部房款，换取居民楼的要同时上交腾房保证金5000元，换取农家院的上交腾房保证金1万元，逾期不交的，按弃权处理。

（5）换房户腾出部分旧房可按房价充抵应交款；在腾出所有旧房时，旧房折价款及保证金由财务处一并退还；换房之前腾出全部旧房的，可免交腾房保证金和旧房折价款。

（6）在旧房审核和交款时间截止后，换房领导组根据具体情况，对外公布换房户抽签确定楼层房号及院落号的具体时间。

（7）结合实际情况，现对一号楼一单元一层两户房价分别下浮5000元，即每套71,000元，如有意换取者，可由换房领导组指定确认房号；除此之外的房号均按各楼层、院落换房户分别进行抽签确定。

第十条　具体抽签办法及未尽事宜参照村委制定售房办法执行。

第十一条　凡在上述范围内符合兑换条件的房屋适用本办法。村委根据进展情况在总体不变的前提下临时处理换房工作中的实际问题，上庄村委拥有换房办法最终解释权。

上庄村房屋产权置换领导组

2007年9月9日

附录五：上庄村关于对《上庄村村民住房实施办法》征求意见的解释

为保证《村民住房实施办法》客观可行，能够充分体现村民意愿，村委于2007年8月31日至9月2日按40个党员责任区共发出"征求意见书"270张，收回233张；其中同意实施办法的159张，不同意的57张，弃权的17张。根据村民反馈意见进行归纳整理，现就征求意见卡所提出的相关问题解释如下：

一、可换房平方米和价格公布如下：

按规定对换房的平方米和价格在交付旧房手续后，售房工作人员会根据所了解的情况给出详细答复；兑换文字成立后，所换旧房平方米和价格要公布于众。

二、村里大事应召开村民大会决议；历史文化名村应中心明确，按村实际情况去掉零散院，进行科学规划，重点保护：

此建议很好，为真正体现民意，不仅今次村民住房实施办法采用征求意见书广泛征求村民意见后定案，今后村内其他大事会采用相应程序，充分体现村民意愿决定大事。

我村的历史文化名村中心已确定，其目的是既要保护有关院落，又要与古建筑协调，考虑村民的住房和新村建设。

三、旧房与新房价格差距大，应适应村民。

此条已充分考虑，集体修建房屋按造价已下浮20%，而村民旧房评估价格是依照城镇拆迁安置价格而定，价格与我们实际生活中买卖房屋行情相比上涨两倍之多，是非常适宜村民的。

四、鸽楼价格不太明确，房价是否公平，是否应高点？

旧房评估面积统一是以外墙测量尺寸为准，外加楼道的另行计算，所以说不存在面积上的问题。而且鸽楼墙皮较厚，实际使用面积少，在评估时已做考虑。

五、现有换房不够，可再建大楼满足要求。

根据我村旧房已被省、市列入重点保护单位，村民住房确有实际困难，由村委会进行研究。

六、先兑换南面，再分批进行。

我们的古村落是一个整体，根据上级和有关专家要求，不主张整体搬迁，而要留部分村民仍在旧村区居住，不存在南北分区而治。

七、没有房产证的怎么办？

1992年办理土地有偿使用证时已将房产手续上交的，要以新证办理；附属物无纠纷的，以事实办理；因房屋产权或附属物有纠纷或其他原因换证时没有发证的，可到村委将原交契约取回为据；确实没有手续而又无事实依据的，不做考虑。

八、经樊满祥手补交批房占地费的手续未给到村民手中。

经樊满祥手补交批房占地手续由会计王广祥负责，樊满祥落实。

九、村民自由结合平方米付款应有期限，以免造成纠纷：

关于村民因换房自由结合旧房面积，被结合户直接对村委，注明结合户即可。

十、交钱和手续后，换房进行中一定要公开、公正、公平。

在换房过程中村委永远本着公开、公平、公正和集体与村民平等自愿的原则进行兑换，所有抽签确定房号办法将参照第一批售房办法办理，村民尽可放心。

十一、楼房不够高的应算占地平方，大门、院墙等应给予作价。

对于旧房的评估，是按照有关规定严格办理的，这里涉及层高系数问题，只要稍差一点能够跨住等级的，原则上都是按照就高不就低的办法给予评估；对于村民提出的院墙和院只要是能够跨住评估标准的都会给予相应的作价。

十二、旧房也要以修建价作价，折价不能以买卖价衡量。

我村本次评估是按照国家重置单价进行评估，也就是说是按照现有房屋结构以市场材料价格重新修建所需要的单价乘以房屋的综合成新率来计算，而不是以买卖价来衡量的。

十三、对购买农家院的平方米是否可以适当放宽？

对于换取农家院的住户，在旧房平方米上给予优惠，只要将本户区域范围内旧房及附属物全部换清即可。

十四、对不完整的房屋、地基、厕所、猪圈等附属设施应予以经济补偿。

附属建筑，根据实际参照评估标准给予作价；地基属国家所有，按照国家"不许个人买卖宅基地"的有关政策，不进行补偿。

上庄村村民委员会

2007年9月9日

后　记

　　2014年6月份加盟山西大学之后，对于外省人并且从外省调入山西工作的我们，对三晋大地的政治、经济、社会、历史和文化诸方面有着全新的、现场的体验和感受。特别是2014年7月底到8月中旬，跟随行校长学术考察团队行走于沁河流域的阳城、沁水两县，该区域的历史名村、大美山川、古堡建筑、宗族大院、商贸市场、煤铁技艺以及民间文艺等方面，学术团队中各个学科人员的工作方式、田野技艺、团队热情、碰撞交流等，均给我们留下了深刻的印象。作为政治学和行政学学科的科研和教学人员，在"沁河印象"的感召下，我们最终选取了上庄村作为我们文字表述的对象，试图就"发展与转型"这一公共问题，从转型主题、教育、养老、美丽乡村建设等四个层面和角度，尽可能地全面展现村庄公共生活中的政府、社会与民众的关系。在这一过程中，我们曾三次深入上庄村获取经验材料，研究生马池春、王芳、杨素珍、任雪娇、刘俊巧参与了访谈和资料整理工作，上庄村热情好客的村民与我们推心置腹地交谈，直接构成了本书的主体内容。在此衷心感谢他们！

　　做政治学和行政学研究的人员，多少都有一点感受，那就是政治学略显"高大上"，研究人员都有一点理想主义的情怀、理性主义的情结和秩序化的生活情愫。这与本书追求大众化、通俗化、简洁性、明了性的初衷可能存在张力。不过，文字既然成型，文字本身和读者也是建构本书意义和价值的重要主体。诚然，本书还存在许多错漏之处，欢迎读者批评指正！

作者

2015年11月